有元葉子

乾物

切り干し大根、干し椎茸、きくらげ、かんぴょう、ずいき、大豆、干し湯葉、車麩、ひじき、煮干し、干し貝柱、干しえび、桜えび、じゃこ

家の光協会

はじめに

乾物でなければ味わえない特別な香り、味、食感

切り干し大根に干し椎茸、ひじきに煮干しと、日本は乾物王国です。干して水分を抜いた保存食の歴史は、縄文の時代に始まり、今に至るといわれています。保存のために考え出されたものなのか、偶然の産物なのかはわかりませんが、食材を保存するのに冷蔵設備もいらず、これほどよい方法はありません。その上こんなにおいしく、栄養もたっぷりなのですから、もっともっと現代の食生活にとり入れたいものです。

もともとの食材と干して乾物になったものでは、味も食感も大違い。まったく別物の味わいとなります。わかりやすい例でいえば、生の大根と干した大根の違いです。しんなりしているけれど、コリコリ、パリパリという独特の食感は、干すことでしか出せないものです。

野菜も、魚介もそして肉も、干して水分を抜くとうまみが凝縮して香りが増し、食感が変わり、乾物でなければ味わえない特別なものになります。「生の帆立貝柱」と「干し貝柱」、「生椎茸」と「干し椎茸」で比べてもその違いがよくわかります。

乾物をよりおいしく食べるには正しく下処理をすることが大切です。そして食材本来のうまみを感じるように過剰な味つけをせず、自然なうまみを引き出すためのほどほどの味つけをすると、乾物のおいしさを余すところなく堪能できます。また、植物性の乾物と肉や魚などのタンパク質系の乾物を組み合わせることで、両方のうまみがおたがいをより一層おいしくする効果もあります。乾物は、なくてはならない魅力的な食材です。

本書では、私が普段から使っている乾物と、おすすめの料理を紹介しています。扱いが難しそうだと尻込みせずに、楽しみながら料理のレパートリーに乾物を加えてみましょう。一度覚えてしまえば、ちっとも難しいことはありません。あなたの食の世界が一層広がって、奥深さを実感できるようになるでしょう。

有元葉子

目次

干し湯葉 車麩

ひじき

煮干し

干し貝柱 干しえび 桜えび じゃこ

[本書の使い方]

★計量単位は、1カップ＝200㎖、大さじ1＝15㎖、小さじ1＝5㎖、1合＝180㎖です。

★ガスコンロの火加減は、特にことわりのない場合は中火です。

★特にことわりがない場合、塩は精製されていないもの、こしょうは粗びき黒こしょうを使います。

★バターは有塩、オリーブオイルはエキストラバージンオリーブオイルを使います。

★揚げ油はオリーブオイルまたは太白ごま油を使います。

★メープルシロップはゴールデン（デリケートテイスト）を使います。好みで砂糖やみりんを使用しても構いません。

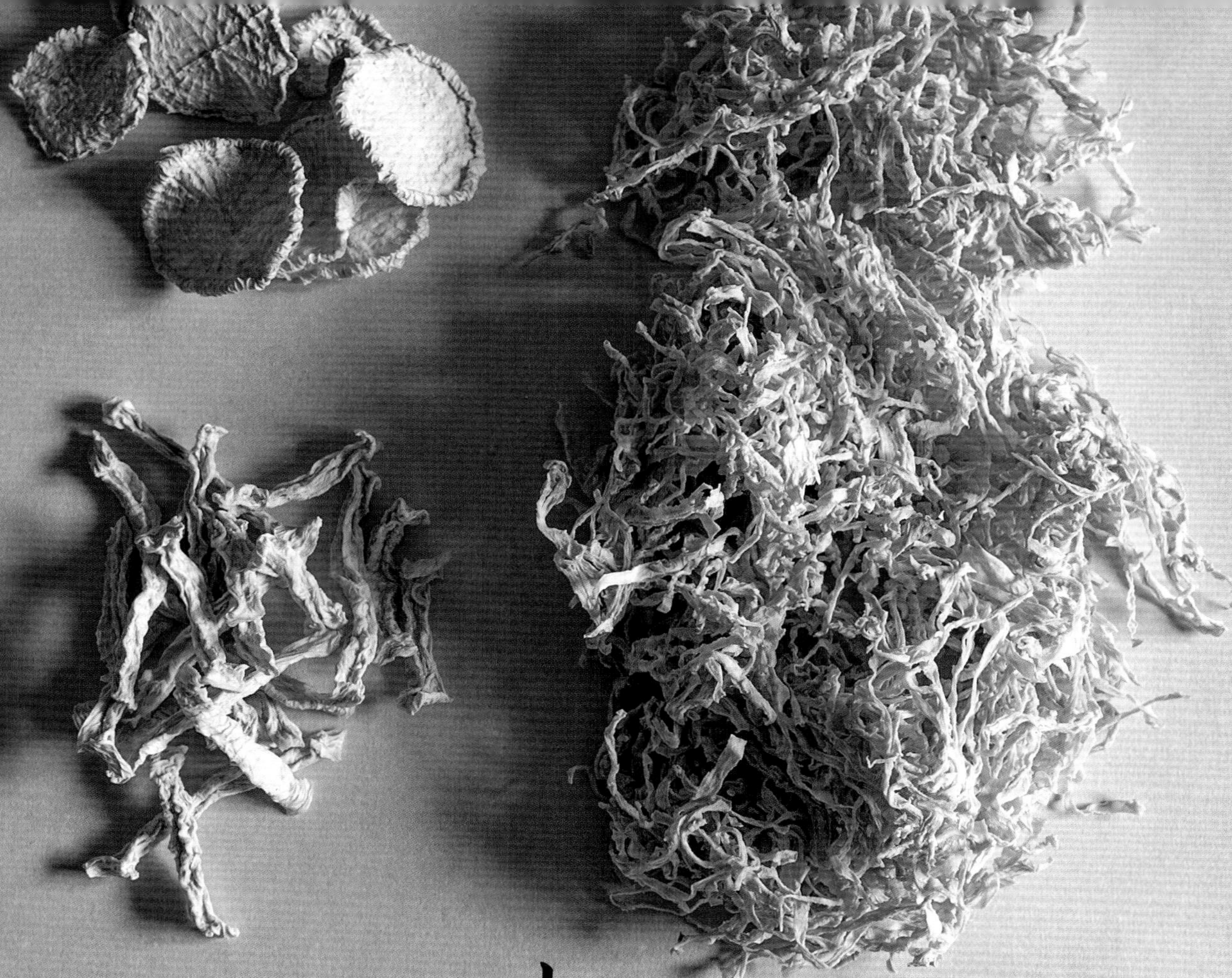

切り干し大根

生の大根とはまったく異なる味わいと食感。ほぼ水分でできているような大根が、干すという作業でこんなにも別のものになるのは驚きです。水分が抜けた分、だし汁や調味料がしみ込みやすくなるので、煮たりあえたりするだし汁や調味料はおいしい上質なものを使うに限ります。

水につけてよく戻したら、余分な水分をきっちりと絞ることがどの料理にも大切な下ごしらえです。切り干し大根は空気に触れると味が落ち、香りが飛んでしまうので、封をあけたらできるだけ早く使いきるようにします。

切り干し大根、
太切り大根、花切り大根

切り干し大根(右)は大根を細長く切って天日干しにしたもの。干すことで甘みと風味が加わり、滋味深い味わいになります。太切り大根(左下)と花切り大根(左上)は切り干し大根の一種で、太切り大根は通常の切り干しより太めに切ったもの、花切り大根は丸のまま、または半分に切って干した大根を薄切りにしたもの。いずれも少し厚みがあり、ポリポリとした歯ごたえが楽しめます。

下ごしらえ

切り干し大根の戻し方

1 切り干し大根は空気に触れると劣化が早まるので、1袋単位で戻す。封をあけたらボウルに入れ、水を適量入れる。

2 箸でざっとほぐし、軽くもみ洗いし、軽く水気を絞る。

3 ボウルに戻し、新たにひたひたの水を加えて10〜15分おき、そのまま食べられるくらいのかたさに戻す。

4 水気をしっかりと絞り、長ければ食べやすい長さに切る。乾物80gを水で戻すと約220gになる。戻し汁はとっておく。

いろいろな調理が可能

切り干し大根というとしょうゆ味の煮ものというイメージが強いですが、炒めたり、あえたり、漬けたりしても、切り干しならではの歯ごたえと味わいが楽しめます。塩味、ナンプラー味など、味つけに変化をつけるのもおすすめです。

あえる

戻して水気をギュッと絞れば、ごまあえ(P.10・11)、酢じょうゆあえなどにそのまま使える。

煮る

油揚げと合わせて定番の煮もの(P.14)、厚揚げと合わせて薄味の煮もの(P.16)などに。

漬ける

切り干し大根を水で戻さないで甘酢にそのまま浸し、味がなじむまでおいて漬けものに(P.17)。

炒める

切り干し大根は油との相性がいいので、薄切り肉や肉加工品ととり合わせて炒めものに(P.8)。卵焼きにしても(P.12)。

炊き込む

昆布、あさり、じゃこなど、うまみのある素材と組み合わせて、炊き込みご飯の具に使うのもおすすめ(P.18)。

こんな切り干し大根も便利

せん切りにんじん入り切り干し大根。ほかの野菜を用意しなくても、これだけで切り干し大根の煮ものが作れるのがうれしい。戻し方は切り干し大根単体のときと同じ。油揚げの細切りを入れるとうまみがプラスされてさらにおいしくなります。

切り干し大根と豚肉の炒めもの

切り干し大根のシャッキリとした歯ごたえが存分に楽しめる、普段のおかず。
豚肉は下味をつけて炒めると、よりうまみが増し、
切り干し大根との味のバランスがよくなります。
さわやかなしょうがの香り、ピリッとした赤唐辛子がアクセントです。

［材料］4人分
切り干し大根　40g
（P.7を参照して戻す）
豚肩ロース薄切り肉　150g
豚肉の下味
—酒、しょうゆ　各少々
しょうが　1片
赤唐辛子　1本
太白ごま油　大さじ1
塩　少々
しょうゆ　大さじ2

1　切り干し大根は食べやすい長さに切る。豚肉は細切りにし、酒、しょうゆをふって下味をつける。しょうがは皮をむいて太めのせん切りにし、赤唐辛子は砕く。
2　フライパンに太白ごま油を熱してしょうがを炒め、しょうがの香りが立ったら豚肉を入れてさらに炒める。
3　切り干し大根をほぐしながら加え、しっかりと炒め合わせる。
4　塩、しょうゆで味を調え、赤唐辛子をふって混ぜる。

切り干し大根のしょうがごまあえ

切り干し大根のひなびたうまみを引き立たせるのがごまとしょうが。砂糖は入れず、しょうがをたっぷり入れ、キリッとした味に仕上げます。常備菜にもおすすめ。

[材料] 作りやすい分量

切り干し大根　40g

（P.7を参照して戻す）

白ごま　½カップ

しょうが　大1片

しょうゆ　大さじ1〜1½

1　切り干し大根は食べやすい長さに切る。ごまは香ばしく炒る。しょうがは皮をむいてみじん切りにする。

2　すり鉢にごまを入れてよくすり、ごまを湿らせる程度にしょうゆを加え、しょうがを入れて混ぜる。

3　切り干し大根を加えてよく混ぜ合わせる。

切り干し大根とせりのしょうがごまあえ

右ページの「切り干し大根のしょうがごまあえ」にゆでたせりを加えるとぐっとおかず感覚に。ほうれん草や小松菜、さやいんげんなどでも。

［材料］作りやすい分量
切り干し大根のしょうがごまあえ（右ページ参照）　全量
せり　1束

1　せりは熱湯でさっとゆで、冷水にとって水気をきる。食べやすい長さに切り、水気をしっかりと絞る。
2　切り干し大根のしょうがごまあえに**1**を加えてあえる。

切り干し大根の卵焼き

シャキシャキ感のある太切り大根をたっぷり入れたボリューム満点のアジア風卵焼き。
味つけは塩、こしょう、ナンプラーだけでOK、
あみえびを入れて風味とうまみをさらにプラスすると、冷めてもおいしくいただけます。

［材料］4人分
切り干し大根（太切り大根） 45g
（P.7を参照して戻す）
卵 4～5個
塩 ひとつまみ
ごま油 大さじ2
あみえび ふたつかみ
ナンプラー 適量
粗びき黒こしょう 適量
香菜《シャンツァイ》 適量

1 切り干し大根は食べやすい長さに切る。卵はボウルに割り入れ、塩を加えてよく混ぜる。

2 フライパンにごま油を熱して切り干し大根を炒める。焼き色がついたらあみえびを加えて炒め合わせ、ナンプラーとこしょうをふって味を調える。

3 1の卵液を回し入れてざっと混ぜ、箸でならしながら均等に火を通す。

4 底面が焼けて全体に半熟程度まで火が通ったら、ゴムベラなどを使って食べやすい大きさに分けてそれぞれ返し、両面を色よく焼く。

5 器に盛り、香菜をざく切りにしてのせる。

切り干し大根と油揚げの煮もの

いつ食べても飽きない、また食べたくなる定番のおかず。
油揚げを加えるだけでうまみが増し、切り干し大根のおいしさも際立ちます。
煮上がったら少し休ませるくらいがおいしく、
多めに作っておくと、もう一品ほしいときに便利です。

［材料］4人分
切り干し大根　40g
（P.7を参照して戻す）
油揚げ　2枚
切り干し大根の戻し汁＋だし汁
合わせて1½カップ
酒　大さじ2
みりん　大さじ2
しょうゆ　大さじ3〜4

1　切り干し大根は食べやすい長さに切る。油揚げは縦半分に切ってから細切りにする。
2　鍋に切り干し大根の戻し汁とだし汁、酒、みりん、しょうゆ大さじ2を入れて火にかけ、煮立ったら油揚げを入れて少し煮る。
3　油揚げが味を含んだら切り干し大根を加え、汁気が少なくなるまで煮る。
4　しょうゆ大さじ1〜2を加えて味を調える。
5　火を止めてそのまま冷まし、味を落ち着かせる。

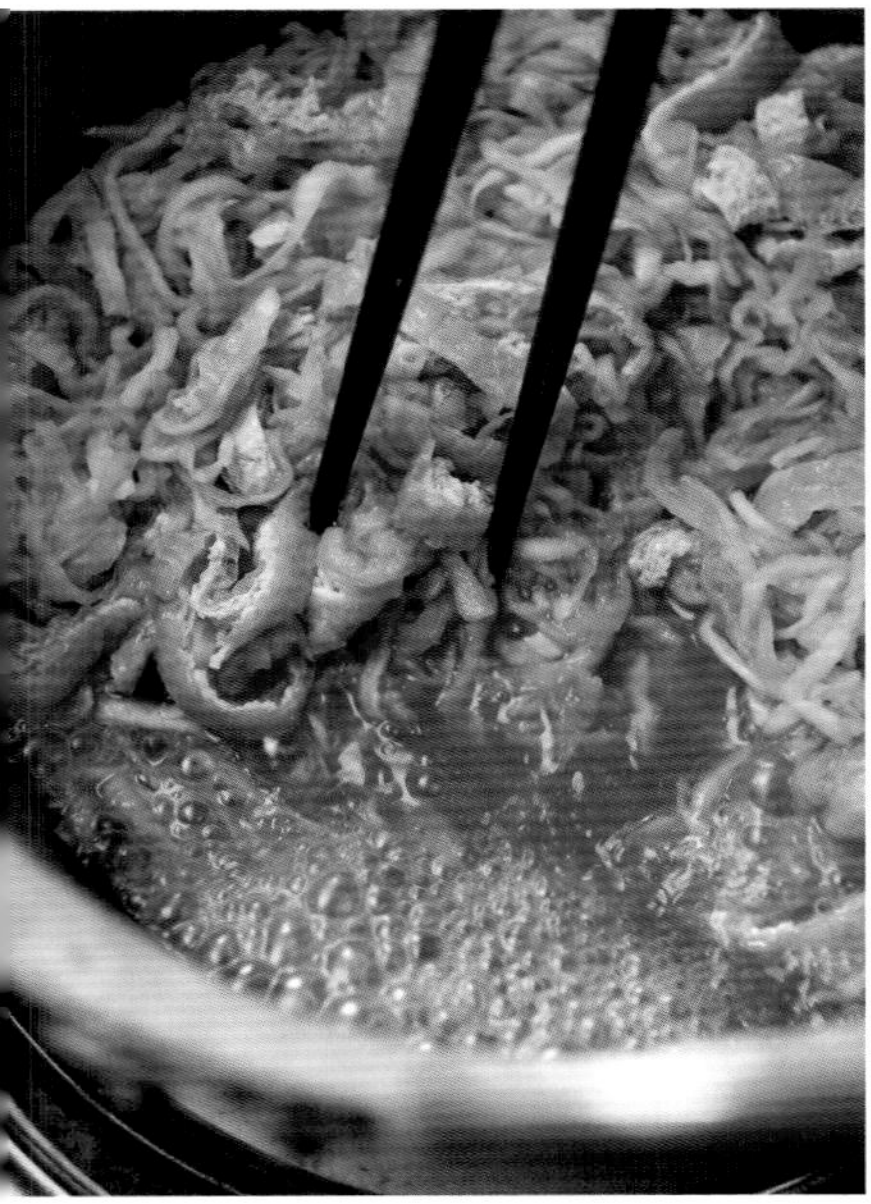

切り干し大根と厚揚げの含め煮

いつもの切り干し大根は油揚げがよく合いますが、食べごたえのある花切り大根は厚揚げとの相性がぴったり。どちらも煮汁を十分に吸わせて仕上げます。

［材料］2〜3人分
切り干し大根（花切り大根）　45g
（P.7を参照して戻す）
厚揚げ（角切りタイプ）　1枚分
だし汁　適量
酒　大さじ2
みりん　大さじ2
しょうゆ　大さじ2

1　厚揚げは熱湯でゆがいて油抜きをする。角切りタイプでない場合は6等分に切る。

2　鍋に厚揚げと切り干し大根を入れ、だし汁をひたひたに加えて火にかけ、煮立ったら酒、みりん、しょうゆを入れる。

3　落としぶたをして弱火でコトコトと煮て味を含ませる。

切り干し大根のはりはり漬け

はりはり漬けはパリパリッとした歯ごたえが身上なので、切り干し大根は水で戻さないで使い、しばらくおいて自然に味をなじませるのがポイント。メープルシロップの量は好みで加減してください。

［材料］作りやすい分量
切り干し大根　80g
にんじん　1本
するめいか　1枚
がごめ昆布（松前漬け用）　15g
赤唐辛子の小口切り　2～3本分
米酢　1/3カップ
しょうゆ　1/4カップ
メープルシロップ　1/4カップ

1　切り干し大根は洗って水気をきり、食べやすい長さに切る。

2　にんじんは皮をむいて食べやすい長さの細切りにする。するめいかはキッチンバサミで細切りにする。さきいかを使ってもよい。

3　ボウルに**2**を入れ、がごめ昆布、赤唐辛子、米酢、しょうゆ、メープルシロップを加えてよく混ぜ合わせる。

4　切り干し大根を加え、2時間以上おいて味をなじませる。

切り干し大根とあさりの炊き込みご飯

貝のうまみと乾物のうまみが重なった和のご飯ならではのおいしさを堪能。
あさりの蒸し汁を無駄なく使い、
炊くときに上にのせた昆布も細切りにしてご飯に混ぜ込みます。

［材料］4人分
米　3合
切り干し大根　40g
（P.7を参照して戻す）
あさり（殻つき）　600g
酒　適量
しょうゆ　大さじ2
塩　ふたつまみ
昆布（だしをとったあとのもの）　1枚

1　米はといでザルに上げる。切り干し大根は食べやすい長さに切る。

2　あさりは海水程度の濃度の塩水に入れて砂を吐かせ、殻と殻をこすり合わせて洗う。酒と水各1カップとともに鍋に入れて殻が開くまで蒸し、あさりと蒸し汁に分ける。あさりは殻から身をとり出し、使うまで蒸し汁適量に浸して乾かないようにしておく。

3　炊飯器に米を入れてあさりを加え、あさりの蒸し汁と水を合わせて3の目盛りまで入れ、酒大さじ1、しょうゆ、塩を加えて混ぜる。

4　切り干し大根をほぐして散らし、昆布をのせて炊く。

5　炊き上がったら昆布をとり出してさっくりと混ぜ、昆布を細切りにしてご飯に戻して混ぜる。おひつに移す。

干し椎茸

干すことでほかのものでは代えがたい深い味わいを出す干し椎茸は、食品庫に常備しておきたい乾物の代表。上質な厚みのある冬菇は戻すのに時間がかかりますが、浮かないようにして水につけて冷蔵庫に入れておけば、厚みがあるものでも2日ほどでしっかり戻ります。干し椎茸ならではの、かむとジュワッと出てくるうまみのかたまりのような汁気、かみごたえのある食感は乾物の王様とも言えます。

　戻し汁にはうまみが十分に出ているので、煮汁として使うと干し椎茸のおいしさがより一層際立ちます。

冬菇《どんこ》

かさがまだ開ききっていないときに採取した椎茸を乾燥させたものが冬菇。かさの縁が丸まっていて、丸くて肉厚で、表面に亀裂が入っているのが特徴です。かむほどに感じる濃縮されたうまみは、乾燥させる過程で生成されたもので、乾燥したものを水で戻すことによってさらに増えます。そのため戻し汁の中にはおいしい味がたくさん含まれています。

下ごしらえ

干し椎茸の戻し方

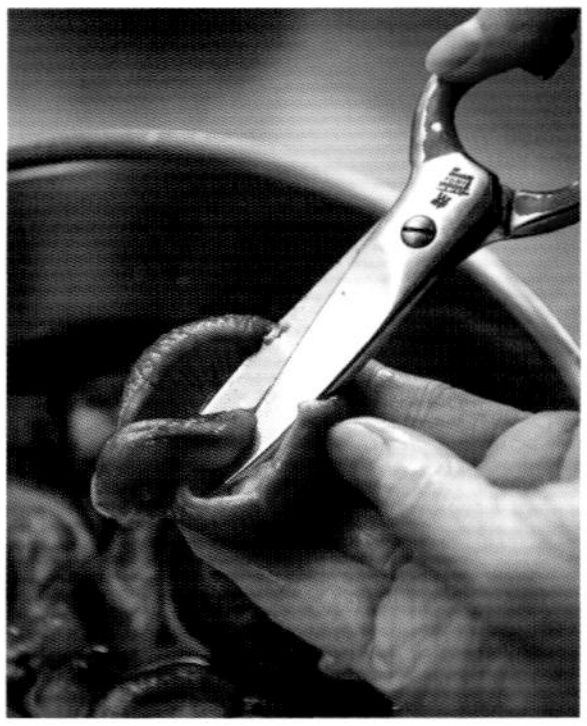

1
干し椎茸をボウルに入れ、たっぷりの水を加えて落としぶたをし、冷蔵庫に2日おいてかたい部分がなくなるまでしっかりと戻す。低温で戻すことでうま味成分の破壊を防ぐ。

2
軸もやわらかくなっていればOK。軸の部分をキッチンバサミで切りとる。切りとった軸は、昆布と一緒に佃煮にするとよい(P.24)。

★ある程度やわらかくなってきたら、軸の部分をキッチンバサミで切りとると、早く戻る。切りとった軸は一緒に戻す。

3
戻し汁も一緒に瓶に入れて冷蔵庫に入れておくと、いつでも使える。このまま1週間ほど保存可能。

椎茸煮を作りおく

戻した椎茸を少し甘めのしょうゆ味で煮ておき、ごま酢あえや白あえなどのあえもの(P.25・26)、蒸しずし(P.28)などに使います。そのまま食べてもおいしいので、大きめに切り分けてもう一品ほしいときのおかずやお弁当にも。

[材料]
干し椎茸(戻したもの) 15個
干し椎茸の戻し汁 1½カップ
酒 ½カップ
みりん ½カップ
しょうゆ ½カップ

1 戻した干し椎茸、戻し汁を鍋に入れて火にかけ、酒、みりんを加えて5~6分煮、しょうゆ、かぶるくらいの水を加える。アクをとり、煮汁が少なくなるまで煮含める。そのまま冷ます。

2 煮汁ごとボウルなどに入れて冷蔵庫へ。使うときに汁気を絞る。

こんな干し椎茸も便利

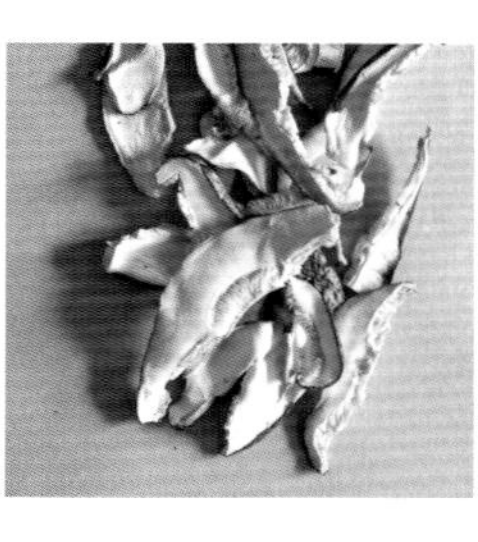

スライスタイプの干し椎茸。戻し時間が少なくて切らずに使えるので、炒めものやみそ汁、パスタなど、少量使いたいときに。

牛肉と干し椎茸のしょうゆ煮

材料はシンプルでありながら、こっくりとした味わいが魅力。牛肉は長時間煮込むとだしがよく出ておいしくなる、シチュー用を使います。まずは牛肉と椎茸を、椎茸の戻し汁でコトコトと煮て、そのあと酒、みりん、しょうゆで味つけ。しょうゆは数回に分けて加えると味がじんわりとしみてやわらかく仕上がります。

［材料］4人分
牛すね肉（大ぶりに切ったシチュー用）　500〜600g
干し椎茸　大8個　（P.21を参照して戻す）
干し椎茸の戻し汁　5カップ
しょうが　大1片
酒　⅓〜½カップ
みりん　¼カップ
しょうゆ　⅓カップ

1　しょうがは皮つきのまま薄切りにする。

2　鍋に牛肉、椎茸、しょうがを入れ、椎茸の戻し汁を加えて火にかけ、煮立ったらアクをとり、落としぶたをして弱火で1時間30分ほど煮る。水分が少なくなったら、水（分量外）を足す。

3　酒、みりん、⅓量のしょうゆを加え、再び落としぶたをして煮る。途中で残りのしょうゆを2回に分けて加え、牛肉と椎茸に十分味がしみて汁気が少なくなるまで煮る。

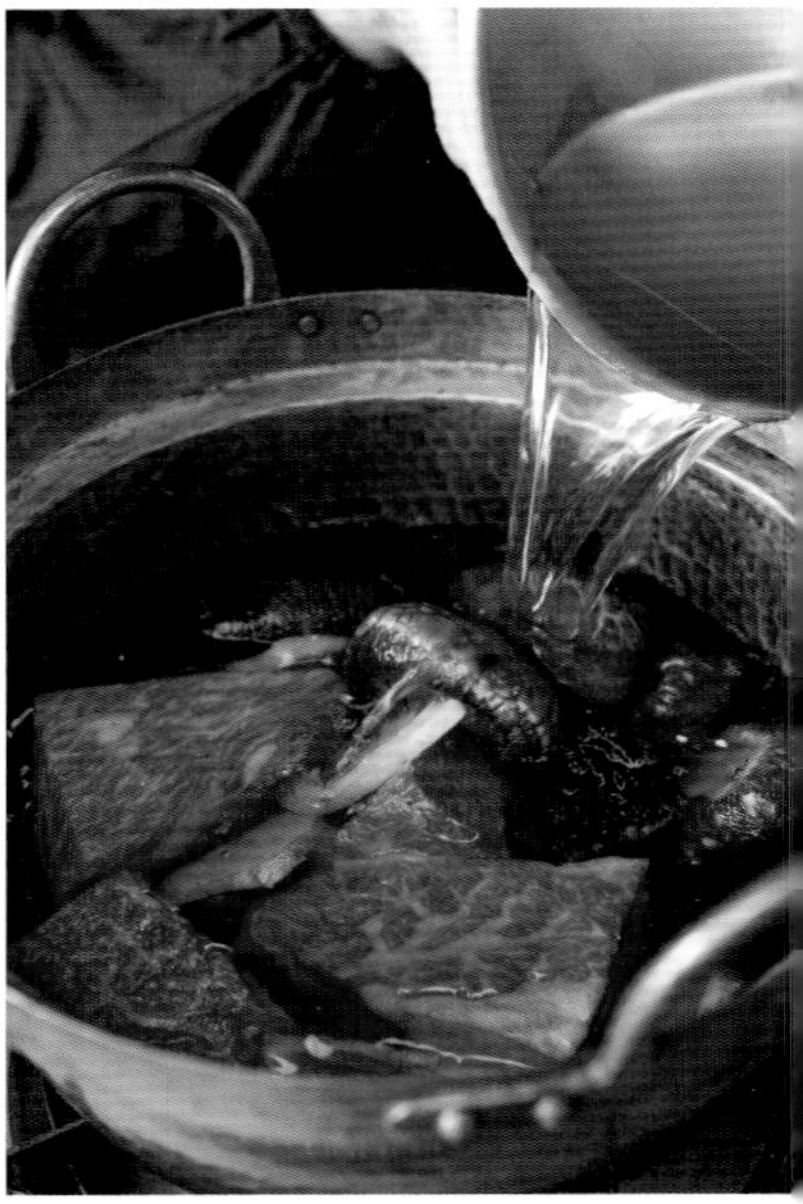

椎茸の軸と昆布の佃煮

21ページでとり除いた椎茸の軸を、昆布、実山椒とともに甘辛く煮つけます。昆布は、28ページのすしめしを作るときに使ったものを利用しましたが、だしをとったあとのもの、昆布じめに使ったものなどでもOK。28ページの煮穴子の煮汁＋だし汁で煮てもおいしい。

［材料］作りやすい分量
干し椎茸の軸（P.21）　10個分
昆布　15cmくらい
実山椒　適量
干し椎茸の戻し汁　適量
酒　適量
みりん　大さじ2〜3
しょうゆ　大さじ2

1　椎茸の軸はかたいところは除き、食べやすい大きさに切る。昆布は4cm四方に切る。
2　1と実山椒を鍋に入れ、椎茸の戻し汁、酒を加えてかぶるくらいにし、みりんを入れて弱火で煮る。
3　汁気が少なくなってきたらしょうゆを加え、汁気がほぼなくなるまでよく煮る。

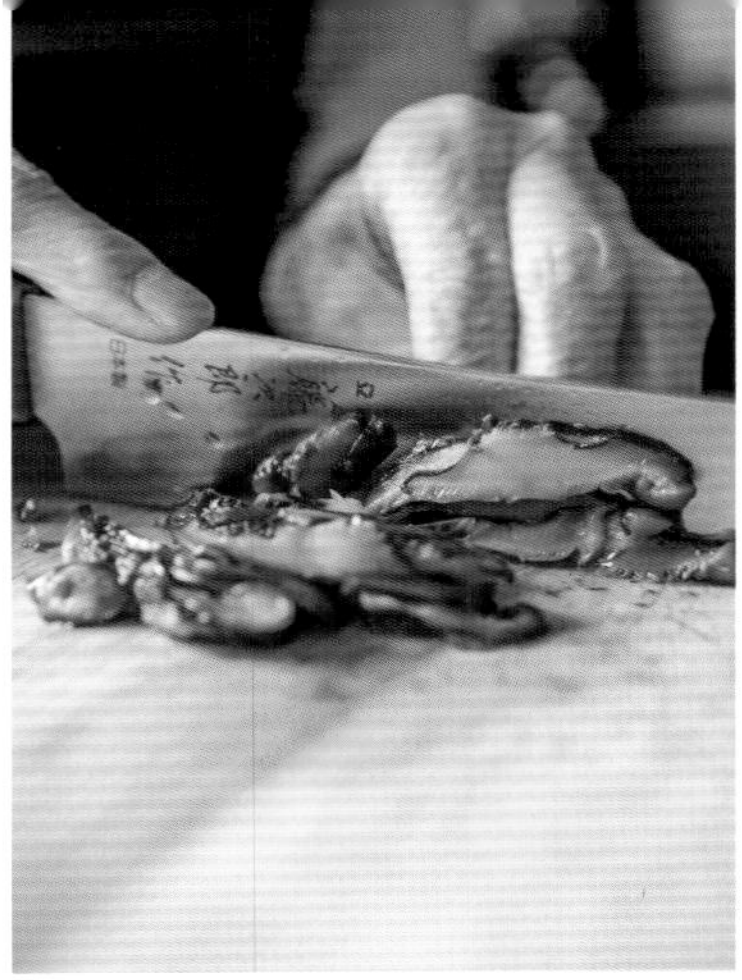

きゅうりと椎茸のごま酢あえ

しょうゆ味で煮ておいた椎茸と塩もみきゅうりをごまをたっぷり使った衣であえた、ごはんのおかず。ごま酢はメープルシロップを入れてほんのり甘くするのがポイントです。

[材料]4人分

椎茸煮(P.21)　5個
きゅうり　3本
ごま酢
　白ごま　2/3カップ
　米酢　大さじ2
　しょうゆ　大さじ1弱
　メープルシロップ　大さじ1½〜2

1　椎茸煮は薄切りにする。きゅうりは小口切りにして塩少々(分量外)をふってもみ、水気をしっかりと絞る。

2　ごま酢を作る。ごまは香ばしく炒り、すり鉢に入れてよくすり、米酢、しょうゆ、メープルシロップを混ぜ合わせて加え、すり混ぜる。

3　**2**に**1**の椎茸ときゅうりを加えてよくあえる。

おかず白あえ

白あえの具の下ごしらえはちょっと手がかかるものですが、煮ておいた椎茸があれば、あとは簡単。椎茸がしっかりめの味なので、野菜に下味をつける必要はなく、食感が残る程度に下ゆでですればいいだけ。白あえ衣のごまは練りごまを使ってコクを出します。

［材料］作りやすい分量
豆腐（木綿） 1丁
にんじん　小さめ1本
さやいんげん　70〜80g
椎茸煮（P.21）　5個
白練りごま　大さじ3
煮きりみりん　大さじ2
しょうゆ　大さじ½
塩　少々

1　豆腐は角ザルを敷いたバットにのせ、上からバット2枚を重ねてのせ、2時間以上おいてしっかりと水きりする。

2　にんじんは皮をむいて4cm長さの棒状に切り、塩少々（分量外）を加えた熱湯で下ゆでする。さやいんげんも塩少々（分量外）を加えた熱湯で下ゆでし、にんじんと同じくらいの長さに切る。椎茸煮は1cm角に切る。

3　すり鉢に1の豆腐を入れてすりこ木でつぶし、練りごまを加えてすり混ぜる。煮きりみりん、しょうゆ、塩の順に加えてさらにすり混ぜる。

4　3の衣に椎茸煮、にんじん、さやいんげんを加えてあえ、味をみて塩（分量外）で調える。

蒸しずし

煮ておいた椎茸、煮穴子、錦糸卵。色の違う具をのせて蒸し上げた、寒い日にいただきたい、温かなおすし。すしめしはいつもより濃いめの味加減にすると、蒸しても味がぼやけません。錦糸卵は黄色く仕上げたいので卵黄を多めに入れて作ります。椎茸は厚切りにしてのせるのがおすすめ。おいしさが際立ちます。

[材料] 4人分
米　2合
昆布　15cmくらい
すし酢
- 米酢　1/2カップ
- 塩　小さじ1
- メープルシロップ　大さじ2強

椎茸煮(P.21)　4個
煮穴子(作りやすい分量)
- 穴子(開いたもの)　5枚
- 酒　1/2カップ
- みりん　1/2カップ
- しょうゆ　1/2カップ

錦糸卵(作りやすい分量)
- 卵黄　4個分
- 卵白　3個分
- 塩、酒　各少々
- 太白ごま油　適量

しょうがの梅酢漬け　適量

1　すしめしを作る。米はといでザルに上げ、すしめし用の水加減にして昆布をのせて炊く。米酢、塩、メープルシロップを混ぜてすし酢を作る。ご飯が炊き上がったら昆布はとり除き、ボウルに移してすし酢を回しかけ、切るようにして混ぜて粗熱をとる。

2　煮穴子を作る。鍋に酒、みりん、しょうゆを入れて火にかけ、煮立ったら穴子を並べ入れ、弱めの中火で15分ほど煮る。煮汁に浸しておく。

3　錦糸卵を作る。ボウルに卵黄、卵白、塩、酒を入れ、よく混ぜ合わせる。卵焼き器に太白ごま油をなじませ、卵液適量を流し入れて薄く広げ、弱火で1〜2分乾かすように焼く。竹串などを使って返し、さっと焼く。残りも同様にして焼く。冷めたら食べやすい長さの細切りにする。

4　1人分ずつの器にすしめしを盛り、椎茸煮を4等分のそぎ切りにしてのせ、錦糸卵適量をのせる。煮穴子適量を食べやすい大きさに切ってのせる。

5　蒸し器に入れ、蒸気の上がった状態で10分ほど蒸す。仕上げにしょうがの梅酢漬けを添える。

干し椎茸とポルチーニのペペロンチーノ

にんにくと赤唐辛子、干しきのこを2種類組み合わせたシンプルなパスタ。おいしさのポイントは、にんにくを弱火でじっくりと炒めて香りを出し、それから椎茸とポルチーニを炒めて油を吸わせること。相性のいいタイムとローズマリーとともにきのこの食感と香りを楽しみます。

［材料］2人分
スパゲッティ　200g
干し椎茸（スライスタイプ）
　1袋（12g）
ポルチーニ　1袋（10g）
にんにく　1片
赤唐辛子　1本
ローズマリー、タイム　各適量
オリーブオイル　適量
塩　少々

1　干し椎茸とポルチーニは水につけて戻し、水気を絞る。にんにくはみじん切りにし、赤唐辛子は細かく刻む。ローズマリー、タイムは葉を摘む。

2　深鍋に湯2ℓを沸かして粗塩大さじ1（分量外）を加え、スパゲッティを入れてすぐにかき混ぜ、ゆではじめる。袋の表示時間より2分ほど短くタイマーをセットする。

3　フライパンまたは浅鍋にオリーブオイル大さじ2〜3、にんにくを入れて火にかけ、弱火でじっくりと炒めて香りを出し、赤唐辛子を加える。

4　干し椎茸とポルチーニ、ローズマリーを加え、塩をふって炒める。干し椎茸は油を吸うので、途中で油がなくなってきたら随時足し、干し椎茸が香ばしくなるまで炒める。

5　スパゲッティがゆで上がったらトングでつかみ上げて**4**に加え、よくあえる。仕上げにタイムを加えて混ぜる。

きくらげ かんぴょう ずいき

忘れられたくない、昔ながらのおいしさを秘めた乾物が、きくらげ、かんぴょう、ずいき。きくらげは山の贈りもの。水で十分に戻してから、炒めものや煮ものに使い、コリッとした食感を楽しみます。かんぴょう、ずいきは畑の贈りもの。しんなりしているけれどしっかりとした独特の食感があり、ひなびたおいしさを味わうのが醍醐味です。

いずれも使いこなすと料理の腕がワンランクアップします。また、食物繊維、カリウムなどのミネラル類が豊富に含まれているので、体調を整えたいときにも役立ちます。

きくらげ、かんぴょう、ずいき

きくらげ(右)はクラゲに似た歯ざわりからこの名がついた、食用きのこの一種。味や香りより、歯ごたえを楽しむ食材。中国料理によく使われますが、日本でも作られていて、これは青森県産。かんぴょう(左上)は夕顔の果実を紐状にむきとって天日干しにしたもの。ずいき(左下)は芋がらとも言い、里いもの茎の皮を除いて干したもの。汁気を含んだときの独特の歯ごたえと風味が特徴。

下ごしらえ

きくらげの戻し方

1 きくらげをボウルに入れ、たっぷりの水を加えて落としぶたをし、30分ほどおいて戻す。

2 中心部にかたい石づきがある場合は、キッチンバサミで切り落とす。大きければ食べやすく切る。

かんぴょうの戻し方

1 かんぴょうを2〜3分水につけて洗う。

2 水気を絞ってボウルに入れ、塩小さじ1をふる。

3 やわらかくなるまで手でよくもむ。塩を洗い流して水気を絞る。

ずいきの戻し方

1 ずいきは洗い、たっぷりの水に20〜30分つけ、水気を軽く絞る。

2 たっぷりの熱湯に入れ、浮いてこないように落としぶたをして6〜7分ゆでる。

3 水にさらし、2〜3回水をとり替えてよく洗い、水気を絞る。

きくらげ炒めを作りおく

きくらげは1袋単位で戻すことが多いのですが、そんなときに作りおいているのがこれ。そのまま酒の肴にしてもよいですが、あえものやサラダ、あえ麺などに使い回すことが可能です（P.34・36）。

[材料]
きくらげ（戻したもの）　10枚
太白ごま油　少々
しょうゆ　大さじ1½
粗びき黒こしょう　適量

1 きくらげは細切りにする。
2 フライパンに太白ごま油を熱し、きくらげを入れてよく炒め、しょうゆを加えてさらに炒める。
3 汁気がなくなったら、こしょうをふって混ぜる。こしょうの代わりに赤唐辛子の小口切りでも。
4 保存容器に入れて冷蔵庫へ。4〜5日おいしく食べられる。

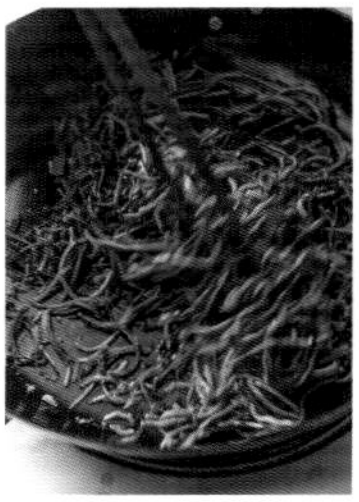

中華風五目あえ

蒸し鶏、きくらげ炒め、生野菜、ザーサイをとり合わせた、彩りのよい中華風のあえもの。おいしさのポイントは、すべての材料を細切りにしてあえること。食べたときに心地よい食感になり、味のバランスもよくなり、不思議と食べ飽きません。好みで豆板醤《トウバンジャン》を入れても。

[材料] 4人分
きくらげ炒め(P.33)　大4〜5枚分
鶏の酒蒸し
　鶏胸肉　1枚
　塩　少々
　酒　適量
セロリの葉　1本分
赤ピーマン　½個
しょうが　大1片
長ねぎ　½本
ザーサイ(かたまり)　適量
ごま油　適量

1　鶏の酒蒸しを作る。鶏肉は塩をまぶして耐熱皿にのせ、酒をふる。蒸気の上がった蒸し器で10〜15分蒸し、蒸し汁に入れたまま冷ます。冷めたら細くさく。

2　セロリの葉、赤ピーマンは細切りにし、しょうがは皮をむいて細切りにする。セロリの葉としょうがは冷水に放してパリッとさせる。

3　長ねぎは5cmほどの長さに切り、縦に中心まで切り込みを入れて芯の黄色い部分を除き、繊維に沿ってせん切りにし、冷水に放してパリッとさせる。

4　ザーサイはよく洗って水気をきり、薄切りにしてから細切りにする。

5　大きめのボウルに1の鶏肉を入れて広げ、きくらげ炒め、ザーサイ、2、3の順に散らしながら加えて混ぜ合わせ、ごま油を加えてあえる。味をみて塩(分量外)で調える。

きくらげとトマトのあえ麺

夏のお昼ごはんや宴の最後のしめにもおすすめの、中華風あえ麺。作りおきのきくらげ炒めのほか、フレッシュなトマト、長ねぎがあればすぐに作れるのが魅力です。
中華麺は、きくらげとのバランスを考えて、細めの乾麺がおすすめ。私はえび麺を使っています。

[材料]2人分
中華乾麺(えび麺)　2玉
中華麺の下味
―塩、太白ごま油　各少々
きくらげ炒め(P.33)　適量
長ねぎ　1/2本
トマト　1個
香菜《シャンツァイ》、クレソン、好みのハーブなど
　各適量
豆板醤《トウバンジャン》　適量
米酢、ナンプラー　各適量

1　中華乾麺はたっぷりの湯でゆで、ザルに上げて洗う。水気をよくきり、塩、太白ごま油をまぶして下味をつける。
2　長ねぎは斜め薄切りにし、冷水に放してシャキッとさせ、水気をきる。香菜、クレソンや好みのハーブは葉先を摘む。
3　トマトはヘタを除いて半分に切り、薄切りにする。
4　器に1の麺を盛り、トマト、長ねぎ、きくらげ炒めをのせ、香菜、クレソンや好みのハーブをのせ、豆板醤を添える。米酢とナンプラーを混ぜたたれをかけ、全体を混ぜていただく。

えびときくらげの揚げ団子

プリプリッとしたえび団子の中に少しコリコリッとした歯ごたえのきくらげ、シャキッとしたしょうが。この組み合わせが絶妙です。中までしっかり火を通したいから、中温でじっくり揚げるのがポイント。

［材料］2人分

きくらげ　小5〜6枚
（P.33を参照して戻す）
えび（無頭、殻つき）　中10尾
しょうが　1/2片
卵白　1個分
片栗粉　小さじ2
塩　少々
揚げ油　適量
クミンパウダー、粗びき唐辛子
　各少々

1　きくらげは細切りにする。

2　えびは背ワタをとって殻をむき、ぶつ切りにする。しょうがは皮をむいて厚切りにする。

3　フードプロセッサーに2のえびとしょうが、卵白、片栗粉、塩を入れて攪拌し、すり身にする。しょうがは歯ごたえが残る程度に細かくするとよい。

4　3をボウルに移し、きくらげを加えて混ぜ合わせる。

5　揚げ油を中温に熱し、4をスプーン2本を使って形を整えて静かに落とし入れ、ときどき返しながらきつね色になるまで揚げる。

6　油をきって器に盛り、クミンパウダー、粗びき唐辛子をふる。

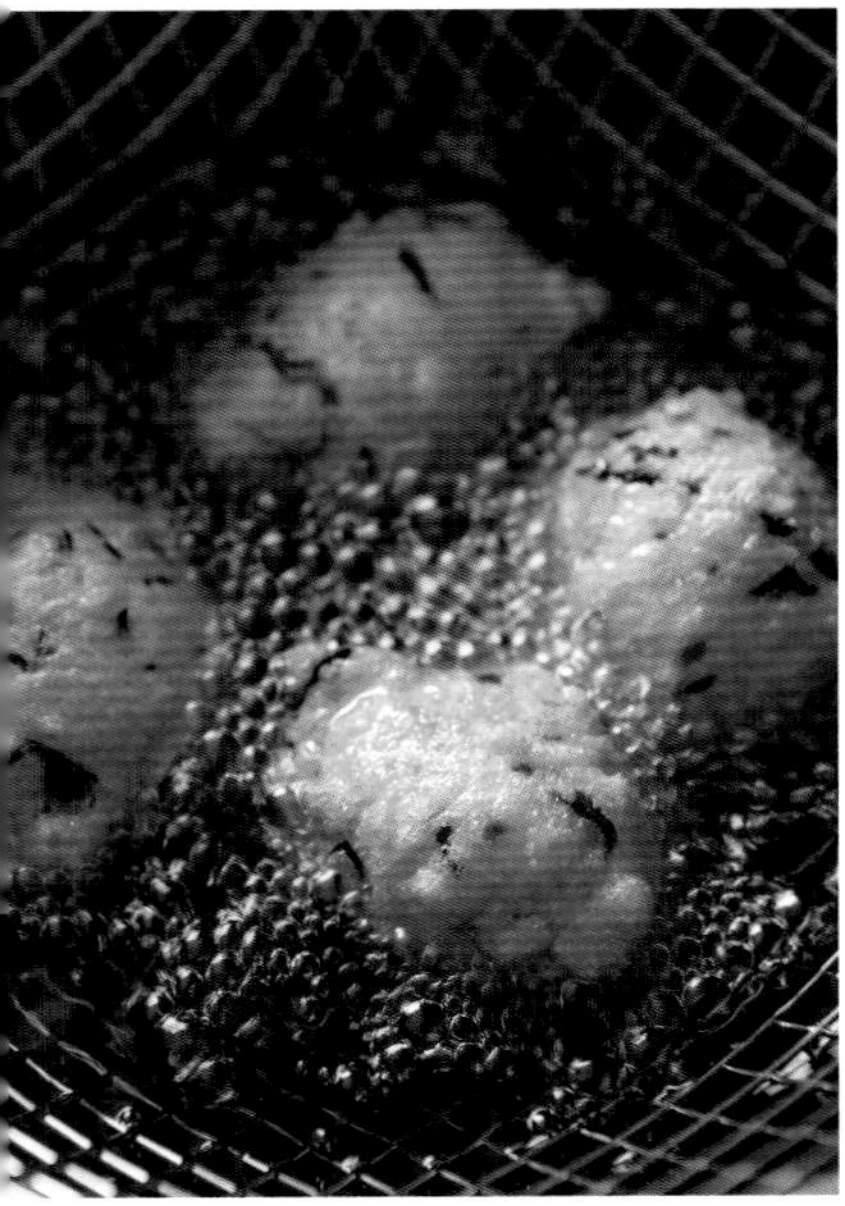

かんぴょうときゅうりの甘酢炒め

甘く煮ることの多いかんぴょうですが、ここでは同じウリ科のきゅうり、相性のよいしょうがをとり合わせて甘酢で炒めます。食感がよく、副菜やおつまみにおすすめ。おかずにするなら、豚薄切り肉を加えても。

[材料] 4人分
かんぴょう　30g
(P.33を参照して戻す)
きゅうり　3本
しょうが　1片
赤唐辛子　1本
太白ごま油　少々
甘酢(作りやすい分量)
- 米酢　1/2カップ
- 塩　小さじ1
- メープルシロップ　大さじ2強

1 かんぴょうは食べやすい長さに切る。きゅうりは斜め薄切りにして塩少々(分量外)をふって少しおき、しんなりしたら水気を絞る。しょうがは皮をむいてせん切りにし、赤唐辛子は小口切りにする。
2 甘酢の材料は混ぜ合わせる。
3 フライパンに太白ごま油を熱してしょうがを炒め、香りが立ったらかんぴょうを加えて炒め、甘酢大さじ2を加えて味をからめながら炒める。
4 きゅうり、甘酢大さじ3を足して炒め合わせ、赤唐辛子を加えて辛みをつける。

かんぴょうとわさびの細巻き

甘辛く煮たかんぴょうは昔ながらの煮もの。煮たら火を止めてそのままおいておくと、さらに煮汁がしみ込んでおいしくなります。作っておくと、細かく刻んで混ぜずしの具にしたり、のり巻きをちょっと食べたいときにも便利。ここではわさびのせん切りと一緒に巻いて、おつまみに。

[材料] 2本分

かんぴょう煮(作りやすい分量)
- かんぴょう　50g
  (P.33を参照して戻す)
- だし汁　1カップ
- 酒　80ml
- みりん　120ml
- しょうゆ　大さじ3～4

わさび　小1本
すしめし(P.29参照)　160g
焼きのり　全形1枚
れんこんの赤梅酢漬け*　適量

*れんこんの赤梅酢漬け……れんこんを薄い半月切りにしてさっとゆで、汁気を拭く。ひたひたの赤梅酢につけ、冷蔵庫に入れて色と味がなじむまでおく。

1　かんぴょう煮を作る。かんぴょうを鍋に入れ、だし汁、酒、みりん、しょうゆを加えて火にかけ、煮立ったら弱めの中火にして落としぶたをし、汁気がなくなるまでコトコトと煮る。そのまま冷まして味を含ませる。使う前に汁気をきる。

2　わさびは皮をむいてせん切りにする。のりは半分に切る。

3　巻きすの上にのりを横にしておき、奥を1cmほど空けてすしめしの½量を広げる。わさびをのせ、かんぴょうをのりの幅に合わせて切って2～3本おき、巻きすを使って手前から巻く。巻き終わりを下にしておく。もう1本、同様にして巻く。

4　食べやすい大きさに切り分けて器に盛り、れんこんの赤梅酢漬けを添える。

ずいきと油揚げの炒め煮

ずいきと油揚げのとり合わせは我が家の定番。油揚げのうまみをずいきが吸ってしみじみとおいしく、どこか懐かしい味わいです。

油揚げをずいきより少し太めに切っておくと、食べたときのバランスがよくなります。常備菜にもおすすめです。

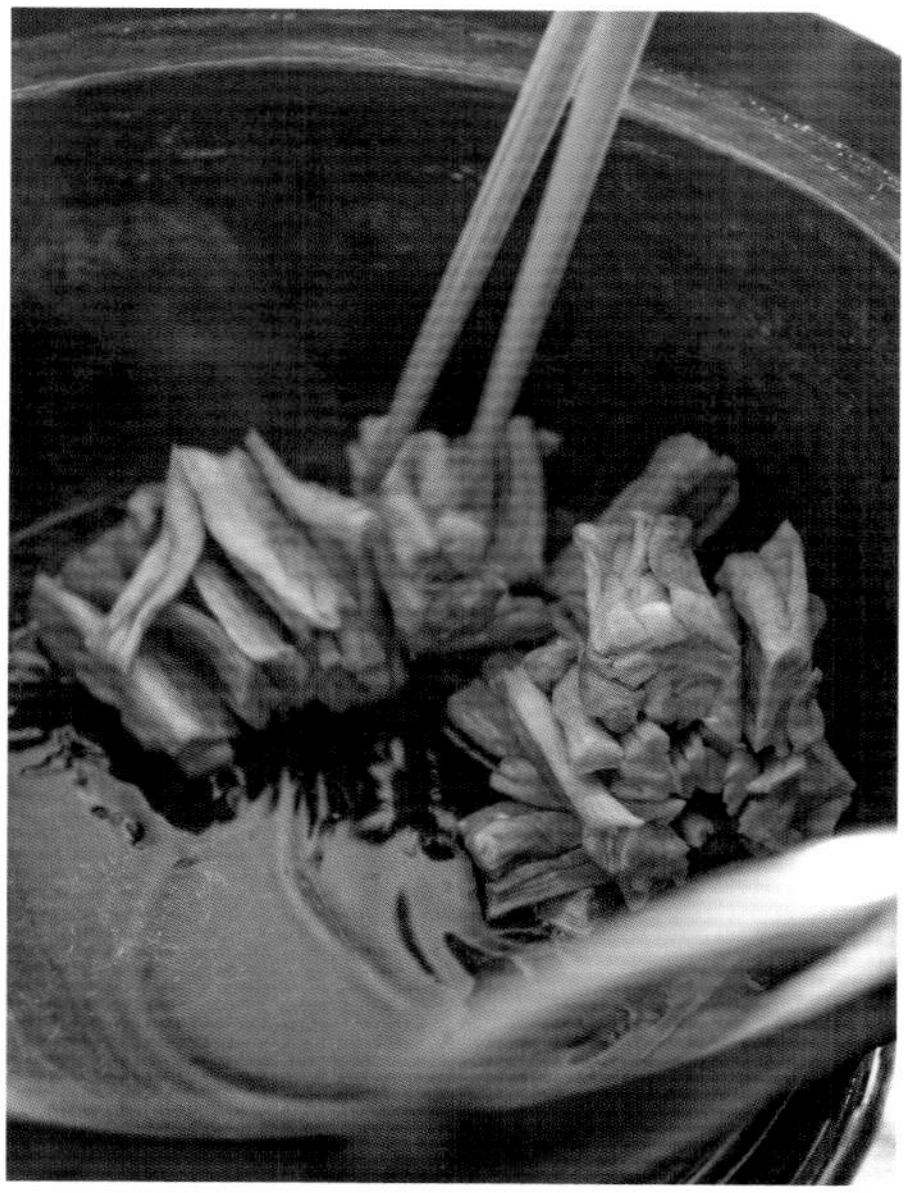

[材料]4人分
ずいき　50〜55g
(P.33を参照して戻す)
油揚げ　2枚
太白ごま油　大さじ1
だし汁　1カップ
酒　1/4カップ
みりん　1/4カップ
しょうゆ　1/4カップ

1　ずいきは食べやすい長さに切り、油揚げはずいきより少し太めに切る。
2　鍋に太白ごま油を熱してずいきを炒め、油がなじんだら油揚げを入れて炒め合わせる。
3　だし汁、酒、みりんを入れ、煮立ったらしょうゆを加え、ふたをして味を含ませるように弱火で煮る。
4　煮汁が少なくなったらふたをとり、汁気がなくなるまで混ぜながら煮る。

ずいきと油揚げのみそ汁

汁気を含んだときのシャキッとした独特の歯ごたえと風味はずいきならでは。みそ汁の具にして手軽に楽しみます。やはり相方は油揚げが最強ですね。好みで七味唐辛子をふっても。

［材料］4人分
ずいき　30g（P.33を参照して戻す）
油揚げ　1枚
だし汁　3½カップ
みそ　大さじ3

1　ずいきは1～2cm長さに切り、油揚げは縦半分に切ってから細切りにする。

2　鍋にだし汁を入れて火にかけ、油揚げを入れ、煮立ったらずいきを加えて煮る。

3　みそをザルなどで漉しながら溶き入れ、火を止める。

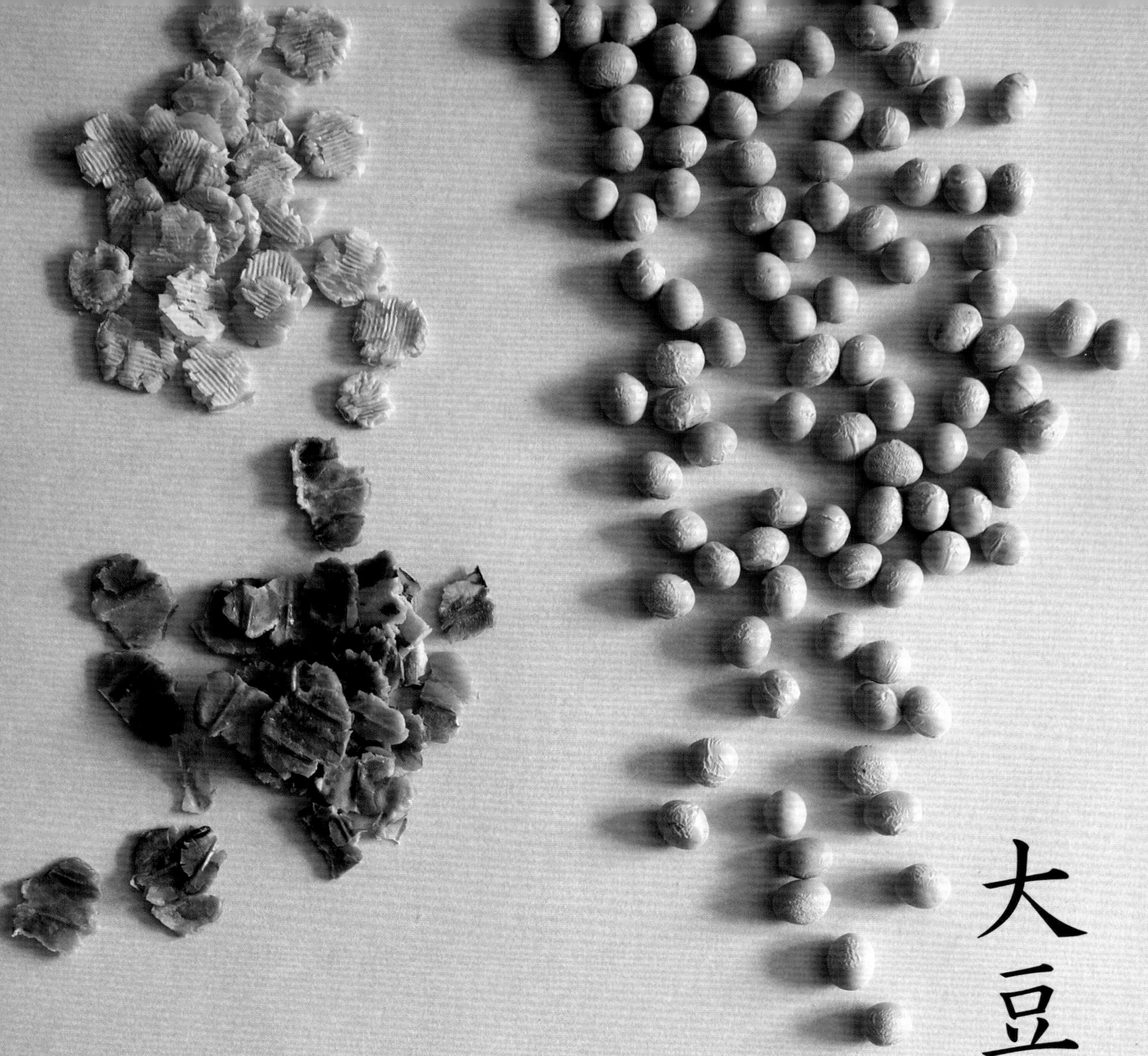

大豆

豆は信用のおけるお店で買い求め、おいしくいただくには十分に戻すことが大切です。水に浸した豆をそのまま食べてみて青臭いけれどシャキッとした歯ごたえで食べられるという状態まで戻します。こうするとゆで時間は短くなり、上手にゆで上げることができます。大豆はゆで上がったらそのままでいただけるので、まずはスプーンですくって食べてみましょう。すると大豆の味がよくわかります。

戻さずにから炒りするのも昔ながらの調理法。炒り豆は非常食としてもよいので、時間のあるときに炒っておくとよいですね。

白大豆、打ち豆

大豆は古くから日本で親しまれてきた食材のひとつで、「畑の肉」と言われるほど栄養豊富。大きさや色の違いでいろいろな種類があり、私がいつも使っているのは白大豆(右)。兵庫県丹波地方在来品種の大豆で、粒が大きく味わいは素朴で風味が強く、大豆の味が堪能できるおいしさです。大豆を水に浸してふやかして打ちつぶした後、乾燥させた打ち豆も、手軽に使えて便利です。写真は黄大豆と青大豆の打ち豆(左上、左下)。

下ごしらえ

大豆の戻し方

ボウルに大豆を入れ、水を注ぎ入れ、丸2日おく。浸した豆をそのまま食べてみて、青臭いがシャキッとした歯ごたえで食べられる状態になるまで戻すのがポイント。大豆300gに対して水1300㎖の割合。1袋単位で戻す。

打ち豆の場合

水洗いし、水につけて5分ほどおき、ザルに上げて水気をきる。そのまま調理に使える。

大豆をゆでておく

大豆をゆでるのは手間がかかると思いがちですが、水につけて戻した大豆をそのまま鍋に移して弱火にかけておくだけなので、家事の合間にできます。

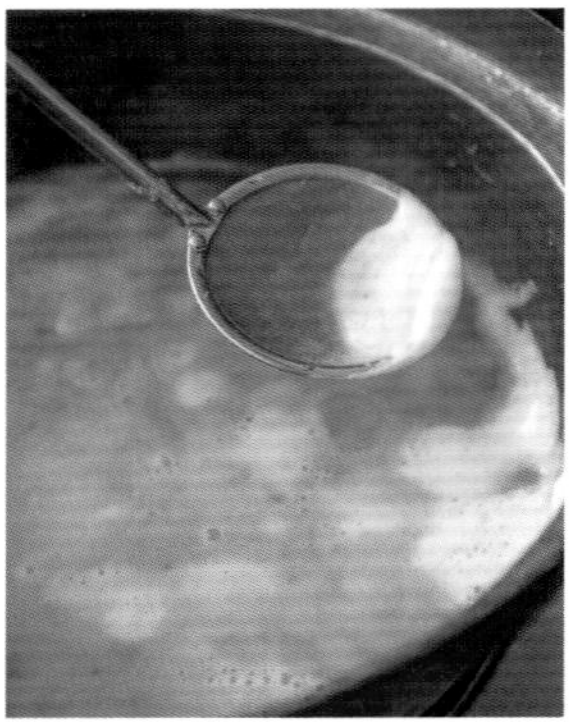

1 大豆を浸しておいた水ごと鍋に移し、強火にかける。煮立ったらアクをとり、弱火にしてゆでる。大豆がコトコトと動かない程度の火加減で。

2 1時間ほどゆで、食べてみて大豆がやわらかくなっていればでき上がり。サラダにするときは少しかためにゆでても。

3 ゆで汁ごと小分けにしてフリーザーバッグに入れ、空気を抜いて口を閉め、平らにして冷凍庫へ。1か月を目安に使いきるが、早いうちがおいしい。

酢大豆を作りおく

おいしくゆでた大豆は私の日常食ですが、酢大豆にして冷蔵庫に入れておくと酢のものやサラダ(P.50)などに使えて、これまた便利です。おろししょうがをのせてそのまま食べてもおいしい。

1 ゆで大豆の汁気を軽くきって保存瓶に入れ、米酢をひたひたに注ぎ入れる。

2 ふたをして、冷蔵庫に入れて味をなじませる。5～6日おいしく食べられる。

ゆで大豆

ゆっくりと戻した大豆はゆでただけでおいしく、ゆで汁も美味。
大豆をゆでたら、まずはゆで汁と一緒にいただきます。

［材料］4人分
大豆（ゆでたもの。P.49参照）　適量
大豆のゆで汁　適量

1　器に大豆を入れ、ゆで汁を注ぐ。

酢大豆と夏野菜のサラダ

酢大豆（P.49）と生野菜、アボカドをとり合わせた、
目にも鮮やかなフレッシュサラダ。同じくらいの大きさに
切りそろえることで口の中で混ざり合い、
食べごたえのある味わいになります。
サイドメニューとしてだけでなく、食事のメインにしても。

［材料］4人分
酢大豆（P.49）　1カップ
ラディッシュ　小10個
フルーツトマト　2個
パプリカ（赤、黄）　各1/2個
きゅうり　1本
紫玉ねぎ　小1/2個
レモン　1個
アボカド　1個
オリーブオイル　大さじ3
塩、粗びき黒こしょう　各適量

1　ラディッシュは葉の部分を切
落とし、4つ割りにする。フルー
トマトはヘタをとってさいの目切
にし、パプリカ、きゅうりもさい
目切りにする。紫玉ねぎはさいの
切りにして水にさらし、水気をき
2　レモンは果汁を搾ってボウル
入れ、皮はレモン色の部分だけを
りおろして加える。
3　アボカドは縦にくるりと切り
みを入れて半割りにし、種と皮を
き、さいの目切りより少し大きめ
切る。**2**のボウルに入れる。
4　大きめのボウルにラディッ
ュ、フルーツトマト、パプリカ、
ゆうりを入れて混ぜ、紫玉ねぎを
え、**3**のアボカドをレモンの皮と
汁ごと加え、酢大豆を入れる。
ておいた酢も少し入れる。
5　オリーブオイル、塩、こしょ
を加えてよくあえる。

大豆のカレーポタージュ

ゆで大豆、大豆のゆで汁をベースに作る、なめらかな口当たりのポタージュ。
大豆の甘さとスパイスの風味が溶け合って大豆好きになってしまうほどのおいしさ。
生クリームの代わりにヨーグルトを使ってもおいしくいただけます。

［材料］4人分
大豆（ゆでたもの。P.49参照）　2カップ
大豆のゆで汁　適量
玉ねぎ　1個
にんにく　1片
オリーブオイル　少々
カレー粉　大さじ1
クミンパウダー　適量
ターメリック　小さじ1½
こしょう　少々
塩　適量
生クリーム　少々

1　玉ねぎ、にんにくは粗みじん切りにする。

2　鍋にオリーブオイルを熱してにんにく、玉ねぎの順に入れて炒め、ゆで大豆と大豆のゆで汁、水をひたひたに加え、弱めの中火で20〜30分煮る。

3　カレー粉、クミンパウダー少々、ターメリック、こしょう、塩少々を加えて香りと味をつける。

4　3をミキサーに移して撹拌し、ピュレ状になってミキサーが回らなくなってきたら、随時水適量を足してなめらかにする。

5　鍋に戻し入れて温め直し、塩で味を調える。

6　器に注ぎ、生クリームを回しかけ、クミンパウダー少々をふる。

打ち豆とにんじんの煮もの

青い色の青打ち豆とにんじんを組み合わせて、しょうゆ味の煮ものを作ります。

打ち豆は火の通りが早いので、手軽に使えるのが魅力。油揚げや切り昆布、干し椎茸の薄切りを戻して入れても。

［材料］4人分

青打ち豆（戻したもの。P.49参照）
150g
にんじん　2本
太白ごま油　大さじ1
だし汁　1カップ
酒　大さじ3
みりん　大さじ2
しょうゆ　大さじ2½

1　にんじんは皮をむいて5〜6cm長さの短冊切りにする。

2　鍋に太白ごま油を熱してにんじんを炒め、油が回ったら水気をきった打ち豆を加え、炒め合わせる。

3　だし汁、酒、みりんを入れて煮立て、しょうゆを加えて弱火にし、ふたをして汁気が少なくなるまで10〜15分煮る。

干し湯葉 車麩

湯葉は大豆から、麩は小麦から作られた乾物です。植物性タンパク質のかたまりなので、肉をあまり食べない方にもうれしいタンパク源です。

干し湯葉は戻せば生湯葉と同じように料理できます。魚介などを包んで揚げたり、あえものに煮ものにと広く使え、上品なやさしい味が魅力です。

車麩は戻してしっかり水気を絞り、おいしいだし汁を含ませるのが最大のコツ。上手に味を含ませたものを卵とじにしたり、揚げたりすると、立派なメインおかずになります。

平湯葉、車麩

平湯葉(右)は鍋から引き上げて水気をきった引き上げ湯葉を、乾燥させたもの。ほかにも、巻き湯葉、結び湯葉など、干し湯葉には形状によってさまざまなタイプがあります。車麩(左上)は焼き麩の一種で、バウムクーヘンのように棒に巻いて焼き、輪切りにしたもの。断面が車輪のように見えることからこの名があります。消化がよく、適度な弾力があるのが特徴。4等分に切ったカットタイプ(左下)もあります。

下ごしらえ

平湯葉の戻し方

1
平湯葉をバットに入れ、水をそっと注ぎ入れて5～10分おき、ムラなく戻す。熱い湯で戻すとせっかくの大豆の風味が飛んでしまうので、水で。

2
別のバットに角ザルをのせてペーパータオルを敷き、1の湯葉を広げてのせる。湯葉1枚を破かないように注意する。

3
湯葉の間にペーパータオルをはさみながら1枚ずつ重ねていく。はさまないと湯葉同士がくっついてしまう。

4
この状態で自然に水気をきる。ペーパータオルをはさんでおくと、あとの作業がやりやすい。

車麩の戻し方

1
ボウルに車麩（写真はカットタイプ）を入れ、たっぷりの水を加えて30分ほどおき、ムラなくやわらかく戻す。ぬるま湯で戻す場合は15分ほど。

2
手のひらではさんで水気をしっかりと絞る。カットタイプのものは手でギュッと絞って水気をきる。

小さな湯葉や焼き麩は、さっとかために戻すか戻し不要

ひと口タイプの巻き湯葉や結び湯葉、小町麩や刻み麩などを汁ものや鍋ものに入れるときは、さっとかために戻すか、戻さずにそのまま鍋の中に入れます。煮汁を吸ってやわらかく、おいしくなります。

鶏肉の干し湯葉包み揚げ

淡泊な鶏胸肉を湯葉で包んで揚げものに。卵をからめてから揚げると湯葉はパリッとしていながらもやさしい感じで、鶏肉はしっとり。鶏肉はささ身を使ってもいいですね。ここでは山椒塩をふりましたが、塩、こしょうなどお好みで。

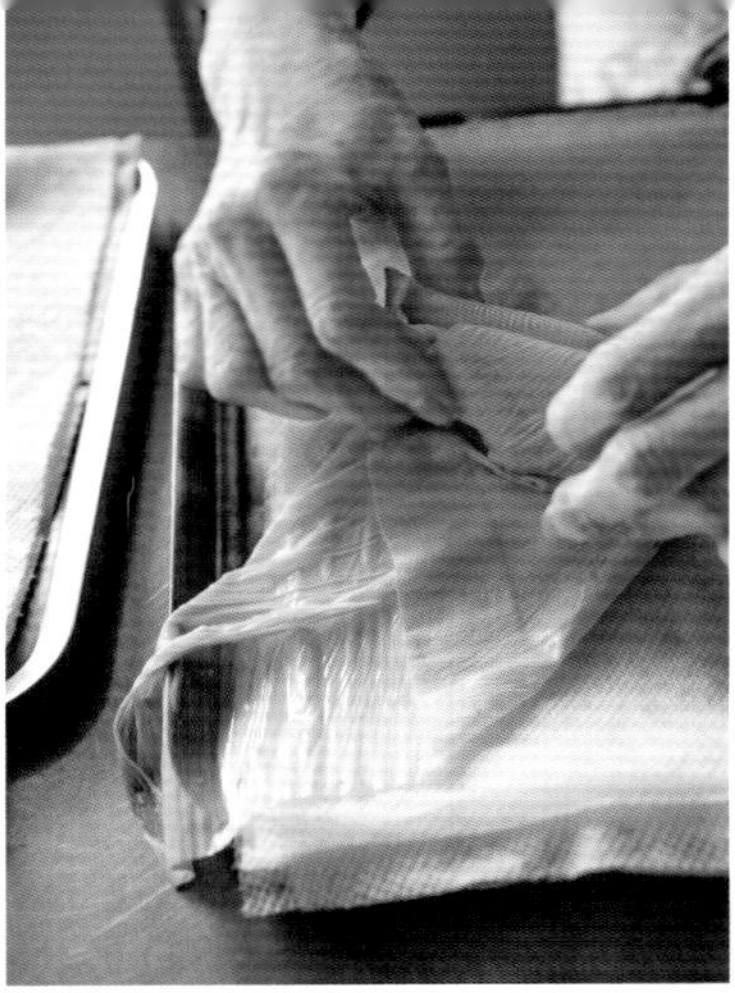
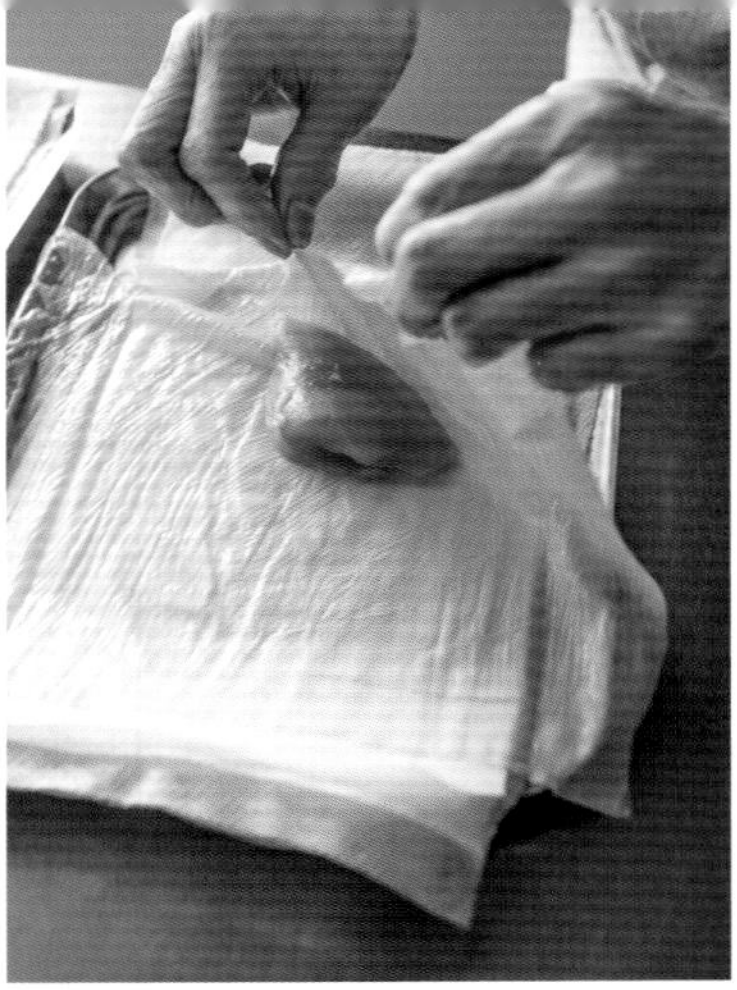

［材料］4〜5人分
干し湯葉　10枚（P.57を参照して戻す）
鶏胸肉　2枚
鶏肉の下味
　塩、酒　各少々
卵　1個
揚げ油　適量
山椒塩　適量

1　鶏肉は1枚を5等分にそぎ切りにし、塩と酒をふって下味をつける。

2　干し湯葉は破かないようにペーパータオルごとバットのふたなどに移し、水気をきった鶏肉を1切れのせ、湯葉を破かないようにしながら春巻きの要領で包む。巻き終わりはしっかりと留める。

3　バットに卵を割り入れて溶きほぐす。

4　揚げ油を中温に熱し、2を3のバットに入れて卵をからめてから箸を使って静かに入れ、湯葉がパリッとしてきつね色になるまで揚げる。角ザルを敷いたバットに立てかけるようにして油をきる。

5　器に盛り、山椒塩をふる。

車麩の卵とじ

薄めの味に煮含めた車麩を卵でとじた、やさしい味わいのおかず。ひと口頬張ると、だしの香りがジュワッと広がり、乾物ならではのおいしさが楽しめます。

［材料］4人分

車麩煮
- 車麩＊（カットタイプ）　50g
  （P.57を参照して戻す）
- だし汁　2カップ
- 酒　大さじ2〜3
- みりん　大さじ3
- しょうゆ　大さじ1½
- 塩　少々

卵　2個

＊車麩……全形のものなら4枚。戻して4等分に切る。

1　車麩煮を作る。車麩は水気をしっかりと絞って鍋に入れ、だし汁、酒、みりん、しょうゆ、塩を加える。

2　**1**を火にかけ、煮立ったら弱めの中火にし、落としぶたをして煮汁が少なくなるまで煮る。

3　ボウルに卵を割りほぐし、**2**に回し入れ、卵に火が通るまで煮る。

車麩揚げ

右ページで煮た車麩の水気をしっかりと絞って、天ぷらに。
車麩に味がついているのがおいしさの秘密です。

〔材料〕4人分
車麩煮（右ページ参照）　適量
衣
　薄力粉　3/4カップ
　卵　1個
　冷水　1/2カップ
揚げ油　適量

1　車麩煮は水気をしっかりと絞る。
2　衣を作る。ボウルに冷水と卵を入れて混ぜ合わせ、薄力粉を加えてさっくりと混ぜる。
3　揚げ油を中温に熱し、1の車麩に衣をたっぷりとつけて静かに入れ、カリッときつね色になるまで揚げる。

ひじき

海に囲まれた日本だからこそ、おいしいひじきが食べられるのはうれしいことです。生ひじきの収穫時期は寒さがゆるんだ頃、海がもたらす春の恵み。これを乾燥させることで一年中食べられるように工夫した素晴らしい知恵に感謝。

そんな潮の香りいっぱいのひじきは、煮ひじきなど昔ながらの和食にもなるし、イタリア料理のパスタに入れてもおいしく、使い勝手のよさも魅力。産地によって味わいが違い、また、長ひじきか芽ひじきかによっても食感や味わいが違うので、自分の好みの産地や種類を選ぶといいですね。

長ひじき

私がいつも使っているのは、子供の頃から慣れ親しんできた長ひじき。主軸の部分を一定の長さにして干したもので、茎ひじきとも呼ばれています。特に気に入っているのは、千葉県南房総の「房総ひじき」という長ひじきで、千葉県近海でとれたひじきを生のまますぐにゆでて乾燥。水で戻したものは太くてもやわらかくつややかで、しっかりとした長ひじきの食感とひじき本来のうまみと香りが味わえます。

下ごしらえ

ひじきの戻し方

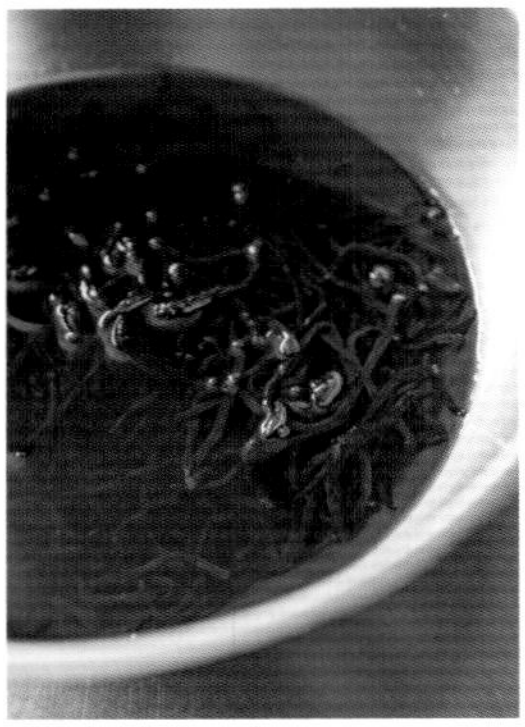

1

長ひじきをボウルに入れ、たっぷりの水を加えて20〜30分おき、歯ごたえが少し残る程度にやわらかく戻す。

2

洗ってザルに上げて水気をきり、食べやすい長さに切る。戻すと重さが6〜7倍になる。

細くて短いひじきは「芽ひじき」

一般的によく見かける細くて短いひじきは、芽ひじき。ひじきの先端の芽や小枝のやわらかい部分です。ひじきの戻し時間は5〜10分。長ひじき、芽ひじきは好みで使い分けるとよいでしょう。

ひじきのシンプル炒めを作りおく

戻したひじきを炒めておくと、いろいろな料理に使い回せて便利。卵と組み合わせて蒸し焼きや卵焼きにしたり（P.66・67）、チャーハンや三色ご飯にしたり（P.68）。手軽に海藻を楽しむことができます。

［材料］

長ひじき　50g（上記を参照して戻す）
太白ごま油　大さじ2
酒　大さじ2〜3
みりん　大さじ2〜3
しょうゆ　大さじ2〜3

1　鍋に太白ごま油を熱し、水気をきったひじきを入れて炒める。
2　酒、みりんを加えてしばらく煮、しょうゆを加える。
3　汁気がなくなるまでさらに煮る。味をみてしょうゆ（分量外）で調える。
4　バットに移して粗熱をとる。ふたをして冷蔵庫へ。4〜5日おいしく食べられる。

ひじきと牛肉の炒めもの

牛肉は下味をつけておくと、炒めてもジューシー。豆板醤《トウバンジャン》、ナンプラー、しょうゆで味をからめておいしい牛肉炒めを作り、そこにひじきを入れるのがおいしさのポイントです。牛肉の代わりに豚肉を使っても。

［材料］4人分

ひじき（戻したもの。P.63参照）
½カップ

牛もも肉（かたまり）　250〜300g

牛肉の下味

- 米酢　小さじ2
- きび砂糖　小さじ2
- にんにくのすりおろし　小さじ2
- ごま油　小さじ2
- こしょう　少々

片栗粉　小さじ2

ごま油　大さじ2〜3

豆板醤　小さじ1

ナンプラー　大さじ1

しょうゆ　少々

1　ひじきは食べやすい長さに切る。

2　牛肉は細切りにしてバットなどに入れ、下味の材料を加えてもみ込む。

3　中華鍋または深めのフライパンをよく熱してごま油を入れ、牛肉を入れて色が変わるまでよく炒める。

4　豆板醤、ナンプラー、しょうゆの順に加えて味をなじませる。

5　ひじきを加えて炒め合わせる。

ひじき卵の土鍋蒸し焼き

よく泡立てた卵液に「ひじきのシンプル炒め」(P.63)を加え、土鍋でゆっくりと蒸し焼きにします。ふわっふわの卵はもちろん、土鍋の底にできるお焦げもおいしさのうち。

[材料]4人分
ひじきのシンプル炒め(P.63)　½カップ
卵　3個
だし汁　½カップ
酒　大さじ3
メープルシロップ　大さじ3〜4
塩　少々

1　ボウルに卵を割りほぐし、だし汁、酒、メープルシロップ、塩を加え、ハンドミキサーで泡が十分に立つまで混ぜ合わせる。

2　小さめの土鍋を弱火にかけて温め、1を流し入れ、ひじきのシンプル炒めを箸で適量ずつ入れる。

3　縁が少しかたまってきたらゴムベラなどで底から静かに混ぜ、ふたをして蒸し焼きにする。途中、縁や底がかたまってきたら静かに混ぜ、火の通りを均一にする。

ひじき卵焼き

「ひじきのシンプル炒め」(P.63)を具にするときは卵にメープルシロップを入れてほんのり甘くすると味のバランスがよいですね。小さめのフライパンで焼くと厚みが出てボリューム感が出ます。

[材料] 4人分
ひじきのシンプル炒め(P.63)　1/2カップ
卵　3個
酒　大さじ2
メープルシロップ　大さじ2〜3
塩　少々
太白ごま油　適量

1　ボウルに卵を割りほぐし、酒、メープルシロップ、塩を加えて混ぜ、ひじきのシンプル炒めを加えて混ぜ合わせる。

2　小さめのフライパンに太白ごま油を入れて熱し、1の1/3量を入れて半熟程度に火を通し、奥に寄せる。

3　手前のスペースに1の残りの1/2量を入れ、奥に寄せた卵の下にも薄く流し入れ、かたまってきたら、奥に寄せた卵を包むようにしてかぶせる。

4　手前の空いたスペースに残りの1を入れ、奥に寄せた卵の下にも薄く流し入れ、かたまってきたら、奥に寄せた卵を手前に返し、半月形にして焼き上げる。

三色ご飯

「ひじきのシンプル炒め」(P.63)、卵そぼろ、さやいんげんのおかか煮をご飯にのせた、誰もが好きなご飯もの。

ここではお弁当に仕立てましたが、小どんぶりに盛ってもいいですね。卵そぼろは卵黄を足して色鮮やかに仕上げるのがポイント。

さやいんげんのおかか煮は常備菜にもなるので、たっぷり作っておきます。

[材料] 作りやすい分量
ひじきのシンプル炒め(P.63)　適量
卵そぼろ
　卵　3個
　卵黄　2個分
　酒　1/3カップ
　メープルシロップ　大さじ3
　塩　少々
さやいんげんのおかか煮
　さやいんげん　250g
　酒　大さじ5
　しょうゆ　大さじ3〜4
　削り節　ひとつかみ
ご飯　適量

1　卵そぼろを作る。卵と卵黄はボウルに入れて溶きほぐし、酒、メープルシロップ、塩を加えて混ぜ合わせ、万能漉し器などで漉して鍋に入れる。

2　1の鍋を中火にかけ、箸4本で絶えずかき混ぜながら、パラパラになるまで炒る。バットに移して冷ます。

3　さやいんげんのおかか煮を作る。さやいんげんは小口切りにする。鍋に酒としょうゆを入れて中火にかけ、煮立ったらさやいんげんを加え、汁気が少なくなるまで混ぜながら煮含める。

4　汁気がなくなってきたら削り節を加えて混ぜる。バットに移して冷ます。

5　お弁当箱にご飯を詰め、ひじきのシンプル炒め、卵そぼろ、さやいんげんのおかか煮をのせる。

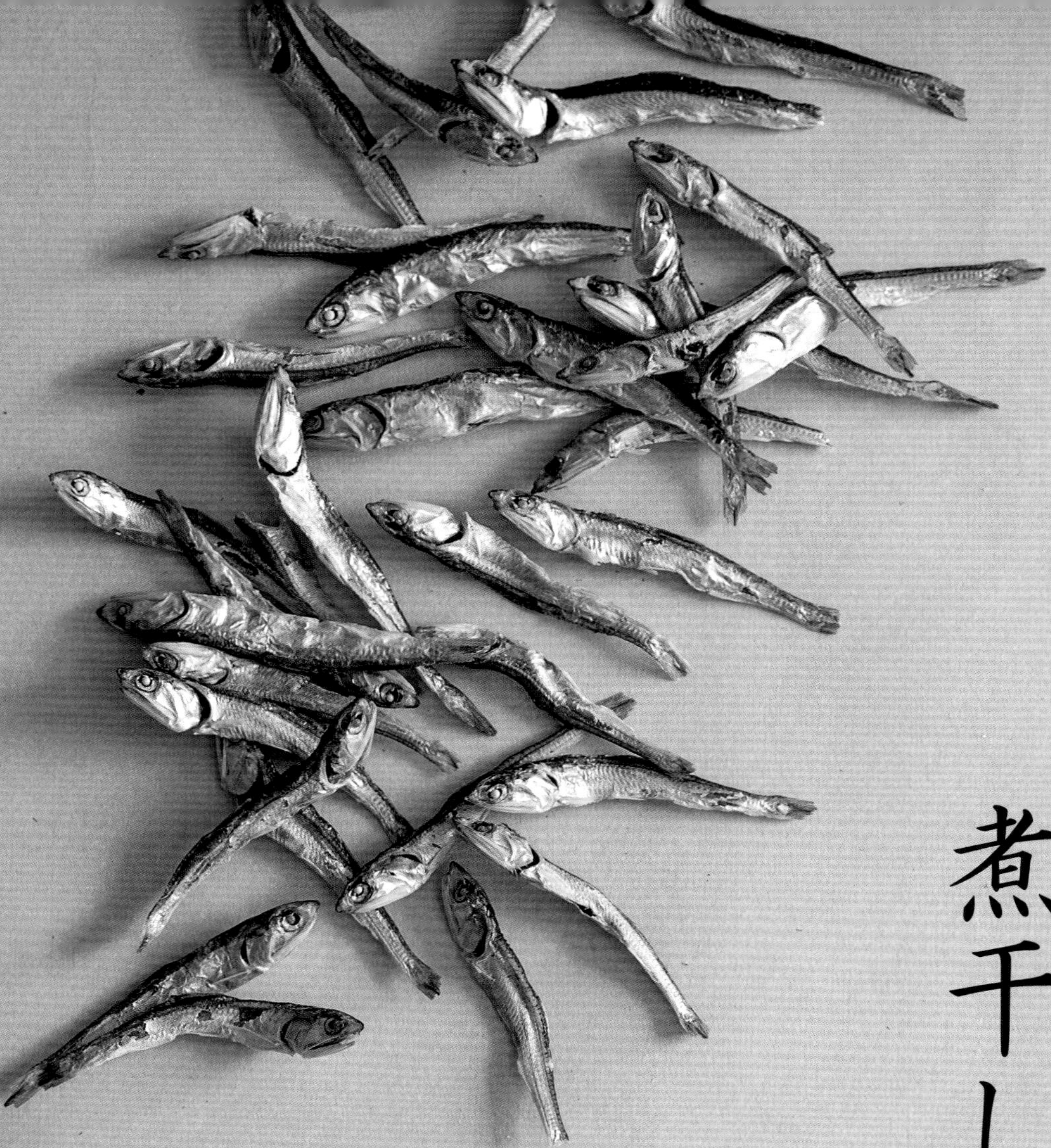

煮干し

みそ汁には欠かせない大切な、だしのもと。内臓をとって水につけ、ひと晩冷蔵庫におくと驚くほど上品なうまみのあるだしがとれます。頭の中の内臓から続く部分もとり除いて頭も捨てずに使います。

だしばかりでなく、素揚げにしたり、炒めものや煮もの、炊き込みご飯などに入れると煮干しもそのまま食べられます。

煮干しは鮮度が大切です。頭がしっかりついて銀色のウロコもついていて、おなかの切れていない見た目も美しいものを選びましょう。

大羽煮干し

東日本では「煮干し」、西日本では「いりこ」と言い、カタクチイワシをゆでて乾燥させたもの。カタクチイワシは大きい順に大羽、中羽、小羽、かえり、ちりめんに分かれ、大羽からかえりまでが煮干しやいりこと呼ばれます。私が使っているのは瀬戸内海でとれる大羽で、魚本来の深みのある強いだしがとれます。

○下ごしらえ

煮干しを食べるとき

煮もの、素揚げ、炒めもの、炊き込みご飯など、うまみたっぷりの煮干しを食べるための下ごしらえです。

1 頭をとり除く。とり除いた頭は捨てずにだし用に使うとよい。

2 腹を開いて黒い内臓の部分をとり除く。身が大きい場合はふたつにさく。

3 中骨をとり除く。

煮干しでだしをとる

煮干しでだしをとり、冷蔵または冷凍しておいて、毎日のみそ汁や煮ものなどに使い回します。だし汁を少量使いたいときにも便利です。

1 頭をとり、腹を開いて黒い内臓の部分をとり除く。頭の中の内臓から続く黒い部分もとり除く。身が大きい場合はふたつにさく。

2 煮干しの身と頭をボウルに入れて水を加え、ふたをして冷蔵庫でひと晩おき、さらしを敷いたザルで漉す。煮干し5〜7尾に対し水1カップが目安。

3 保存容器に入れて冷蔵庫に入れ、2〜3日で使う。すぐに使わない分は保存容器やフリーザーバッグに入れ、平らにして冷凍庫へ。1〜2か月保存可。

根菜と煮干しの煮もの

煮干しからおいしいだしが出るので、だし汁要らず。

材料の下ごしらえをちゃんとしておけば、ひたひたの水と調味料だけで十分おいしくなります。

冷める間にも味がしみ込むので、時間がたつとしみじみおいしくなるのも魅力。

[材料]4人分
- 里いも　中7〜8個
- にんじん　1本
- ごぼう(細いもの)　2本
- こんにゃく　1枚
- 煮干し(下ごしらえしたもの。P.71参照)　ひとつかみ
- 絹さや　1パック
- 太白ごま油　適量
- 酒　1カップ
- みりん　⅓カップ
- しょうゆ　⅓カップ

1　里いもは洗って水気を拭き、乾かす。皮をむいてペーパータオルで拭き、食べやすい大きさに切る。

2　にんじんは皮をむいてひと口大の乱切りにする。ごぼうはタワシで洗い、ひと口大の乱切りにして水にさらし、水気をきる。こんにゃくは下ゆでし、スプーンなどでひと口大にちぎる。

3　絹さやは筋をとり、塩少々(分量外)を加えた湯で色よくゆでる。

4　鍋に太白ごま油を熱してごぼうとこんにゃくを炒め、油が回ったら里いもとにんじんを加えて炒め合わせ、煮干しを入れる。

5　酒、みりん、しょうゆを加え、水をひたひたに注ぎ入れ、ふたをして野菜がやわらかくなるまで弱火で煮る。

6　汁気が少なくなったら火を少し強めて煮からめる。

7　器に盛り、絹さやをのせる。

煮干しの素揚げ

カラッと揚げた煮干しは、それだけで酒の肴や小腹が空いたときのおやつになります。
カレー塩をふったり、ナッツと一緒にいただいても。

［材料］4人分

煮干し（下ごしらえしたもの。P.71参照）　ひとつかみ
揚げ油　適量
塩　少々

1　少なめの揚げ油を中温に熱し、煮干しを入れ、カラリとするまで揚げる。

2　網などにとって油をきり、熱いうちに塩をふる。

煮干しとくるみの甘辛炒め

我が家の常備菜のひとつ。冬から春にかけて出回る信州の信濃くるみで作ると最高。メープルシロップを使うとすっきりとした甘さに仕上がります。

［材料］4人分

煮干し（下ごしらえしたもの。P.71参照）
　ひとつかみ
くるみ（殻つき）　15個くらい
太白ごま油　少々
メープルシロップ　大さじ3
しょうゆ　大さじ1 1/2〜2

1　くるみは殻を割って実をとり出す。

2　鍋に太白ごま油を熱して煮干しを入れ、サクッとするまで混ぜながら火を通す。

3　2にくるみを加えて混ぜ、メープルシロップを加えて全体にからめる。

4　しょうゆを加え、汁気がなくなるまで混ぜながら炒める。

5　バットなどの上にとって冷ます。

干し貝柱 干しえび 桜えび じゃこ

干し貝柱やかたい干しえびは時間をかけてしっかり戻しましょう。戻し汁も最高においしいうまみが出ているので、余すところなく使います。どちらも戻し汁ごとご飯に炊き込むと、米がうまみを吸い込んでそのおいしさを堪能できます。煮もの、炒めもの、蒸しものなどに使うと一段とおいしくなる、うれしい食材でもあります。

じゃこは乾いていますが、傷みやすいので買ってきたらなるべく早く使いきります。日持ちさせたいときは酢やオイルにつけておくのもよい方法です。

干し貝柱、干しえび、桜えび、じゃこ

干し貝柱（右上）は帆立貝の貝柱をゆでてから乾燥させたもの。ゆでて干すことでうまみ成分が凝縮し、濃厚なよい味になります。干しえび（左上）はえび類をゆでて素干しにしたもの。ここでは国産のものを使用。かたすぎなければ戻さなくても使えます。桜えび（左下）は体長5cmほどのサクラエビ科のえびを素干しにしたもの。無添加・無着色のものを選びます。じゃこ（右下）はいわしの稚魚をゆでて干したもの。少量加えるだけで味に深みが出ます。

下ごしらえ

干し貝柱の戻し方

1 干し貝柱をボウルに入れ、ひたひたより多めの水を加え、冷蔵庫に入れて1〜2日おき、やわらかくなるまで戻す。

2 貝柱と戻し汁に分け、貝柱は手でほぐすか、フードプロセッサーにかけてほぐす。戻し汁はうまみたっぷりなのでとっておく。

干しえびの戻し方

干しえびをボウルに入れ、ひたひたより多めの水を加え、冷蔵庫に入れてやわらかくなるまで戻す。戻し時間は商品によってまちまち。食べてみて確認する。戻し汁はうまみたっぷりなのでとっておく。

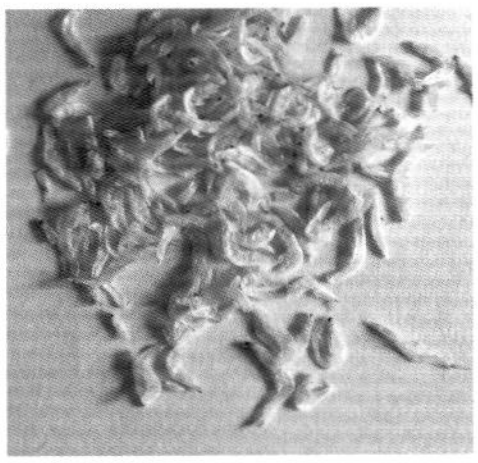

こんな干しえびも便利

小さいサイズのアキアミ。サクラエビ科の小えびで、桜えびより小さくて白っぽい色。えびの風味がしっかりあり、組み合わせる素材や食感のバランスで使い分けても。大根とあみえび炒め（P.86）のほか、切り干し大根の卵焼き（P.12）に使っています。

じゃこの酢漬けを作りおく

じゃこを酢漬けにすると、じゃこのうまみと塩気に酢の酸味が加わって、また違ったおいしさ。おろしあえ（P.92）、酢のものなどに使います。また、漬け汁ごとご飯に混ぜて、じゃこ入りのすしめしにしても。

保存瓶にじゃこを入れ、米酢を½〜⅔の高さまで加え、ふたをし、瓶を上下にふって全体になじませる。冷蔵庫に入れ、ときどき瓶を上下にふって酢をまんべんなく回す。10日ほどおいしく食べられる。

干し貝柱入り焼《シュウ》売《マイ》

我が家の焼売は
干し貝柱と春雨を入れるのが特徴。
蒸している間に春雨がひき肉と貝柱の
うまみを吸い込んで
うまみたっぷりに仕上がります。
ふんわりやわらかめに仕上げたいときは
水の量を多めに、シコッとした食感に
仕上げたいときは少なめに。
大きく作りたいときは
ワンタンの皮を使っても。

[材料]作りやすい分量
豚ひき肉　300g
干し貝柱　15個（P.77を参照して戻す）
干し貝柱の戻し汁　大さじ5〜6
春雨　50g
長ねぎ　½本
しょうが　1片
焼売の皮　50〜55枚
しょうゆ、練り辛子　各適量

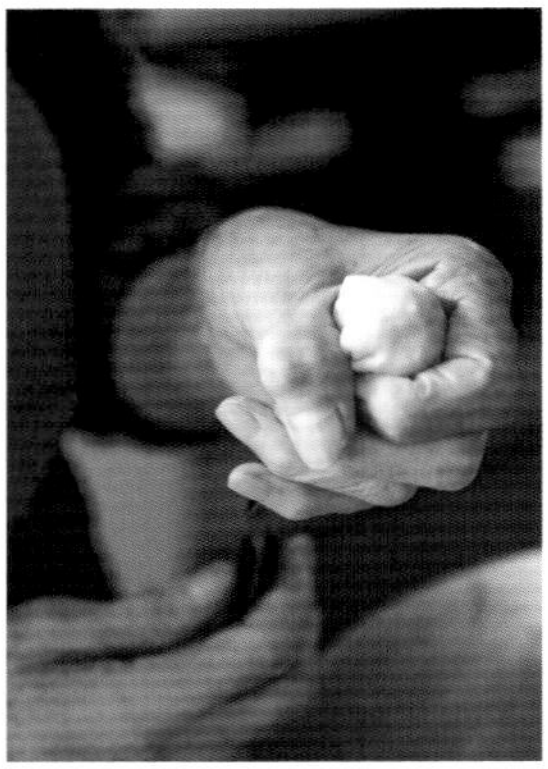

1　干し貝柱はほぐす。春雨は水で戻して水気をきり、2cm長さに切る。長ねぎはみじん切りにし、しょうがは皮をむいてみじん切りにする。

2　ボウルにひき肉と**1**を入れ、手でよく混ぜる。途中で干し貝柱の戻し汁を状態をみながら加え、ねっとりするまでよく練る。

3　焼売の皮に**2**を適量のせ、ヘラで押さえつけながら皮を返し、上からにぎり込むようにして包む。底になる面をヘラで押さえて形を整える。角ザルにくっつかないようにして並べていく。

4　セイロに角ザルごとのせ、蒸気の上がった状態で7〜8分蒸す。

5　器に盛り、しょうゆ、練り辛子を添える。

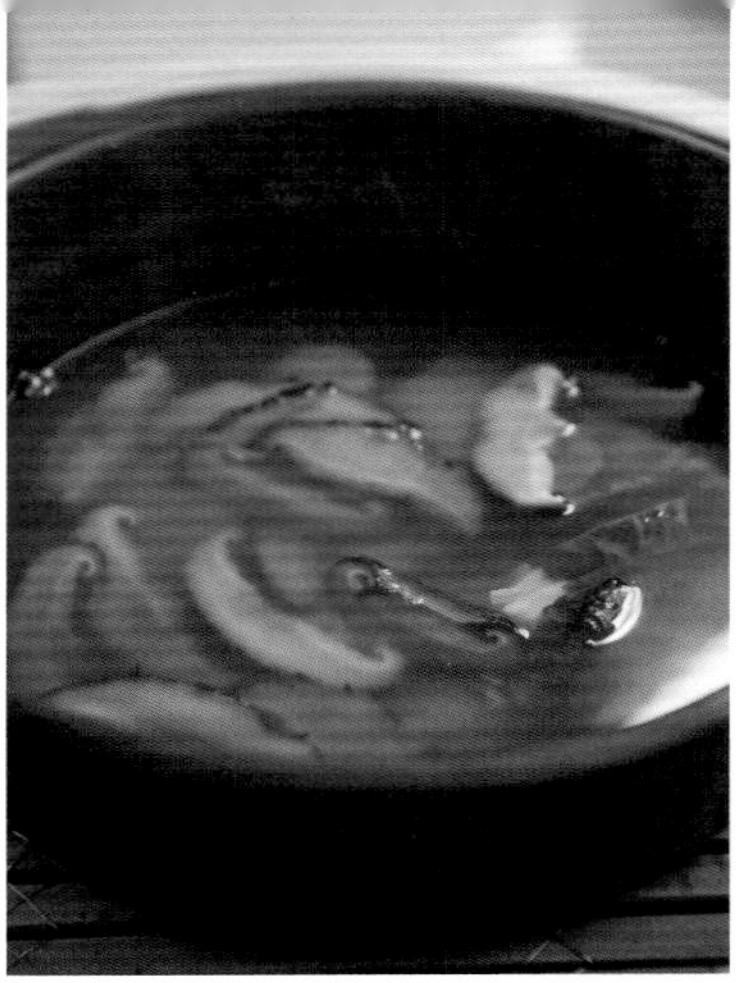

干し貝柱の蒸しスープ

ゆっくりと時間をかけて作った干し貝柱と干し椎茸の蒸しスープは滋味深く、
それだけで十分おいしいですが、ここではトマトと卵を入れておかずスープに仕立てます。
蒸しスープを多めに作っておけば、具を替えてスープが楽しめます。

[材料] 4人分
蒸しスープ
　干し貝柱　7〜8個
　干し椎茸　3個（戻したもの。P.21参照）
　干し椎茸の戻し汁　少々
　しょうが　大1片
卵　1個
トマト　½個
水溶き片栗粉　適量

1　干し貝柱は水2½カップ（分量外）につけて戻し、戻し汁もとっておく。

2　しょうがは皮つきのまま薄切りにする。

3　蒸し器に入る大きさの耐熱性の器に干し貝柱と戻し汁、干し椎茸と戻し汁、しょうがを入れ、蒸し器に入れ、弱火で2時間ほど蒸す。途中、蒸し器に水がなくなったら随時足す。火を止める少し前に椎茸をいったんとり出して薄切りにし、戻す。

4　卵は割りほぐす。トマトはさいの目切りにする。

5　3からしょうがを除いて鍋に移して火にかけ、水溶き片栗粉を加えてゆるいとろみをつけ、煮立ちはじめたら卵を回し入れる。ふわっと浮いてきたらトマトを加えてひと煮する。

なすと干しえびの煮もの

暑さを感じる季節、ツヤツヤとした深い瑠璃《るり》色のなすで作る煮もの。なすだけで煮てもあっさりしておいしいですが、ここにうまみたっぷりの干しえびを加えると、味に奥行きが出ます。なすは皮に細い切り込みを入れると味がよくしみて、温かくても冷やしてもおいしくいただけます。

［材料］4〜5人分
なす　5本
干しえび　1/2カップ
酒　1/2カップ
みりん　大さじ2〜3
しょうゆ　大さじ2〜3

1　なすはヘタをとって縦半分に切り、皮全体に斜めに細い切り込みを入れる。干しえびは水1 1/2カップにつけて戻し、戻し汁もとっておく。

2　鍋になす、干しえび、干しえびの戻し汁を入れ、酒、みりん、しょうゆを加える。

3　2を火にかけ、煮立ったら落としぶたをして弱めの中火にし、なすがやわらかくなるまで煮る。

4　火を止め、冷ましながら味を含ませる。

干しえびの土鍋ご飯

干しえびを戻し汁ごと入れて炊き込んだ、うまみたっぷりのご飯。余分なものは入れず、干しえびのみの味わいと食感を楽しみます。土鍋の底にできる香ばしいお焦げも、炊き込みご飯ならでは。同様にして干し貝柱で作っても。

［材料］5〜6人分
米　3合
干しえび　1カップ
しょうが　大1片
酒　大さじ2〜3
塩　少々
しょうゆ　少々

1　干しえびは水$3\frac{1}{2}$カップにつけて戻し、戻し汁もとっておく。
2　米はといでザルに上げる。しょうがは皮をむいてせん切りにする。
3　土鍋に米を入れ、干しえびを戻し汁ごと加え、酒、塩、しょうゆを加える。しょうがを散らしてのせ、全体にならす。
4　強火にかけ、沸騰したら弱火にして15分ほど炊く。
5　火を止めて5〜10分蒸らし、さっくりと混ぜる。

大根とあみえび炒め

塩もみ大根、せん切りしょうが、乾燥えびで作る、塩味の炒めもの。塩味といっても、大根と乾燥えびの塩気で十分なので味つけは特に必要ありません。こしょうを利かせて仕上げるのがポイントです。

【材料】4人分
大根　1/2本
あみえびまたは桜えび　ふたつかみ
しょうが　大1片
あさつき　適量
太白ごま油　大さじ1
粗びき黒こしょう　適量

1　大根は皮をむいて2〜3等分の長さに切り、せん切りにする。ボウルに入れ、塩少々(分量外)をふって手でもみ、少しおいてさらしなどで包んで水気をしっかりと絞る。

2　しょうがは皮をむいてせん切りにし、あさつきは小口切りにする。

3　フライパンに太白ごま油を熱してしょうがを炒め、香りが立ったら1の大根を加えて炒める。

4　あみえび、あさつきを加えて炒め合わせる。

5　仕上げにこしょうをたっぷりとふって混ぜる。

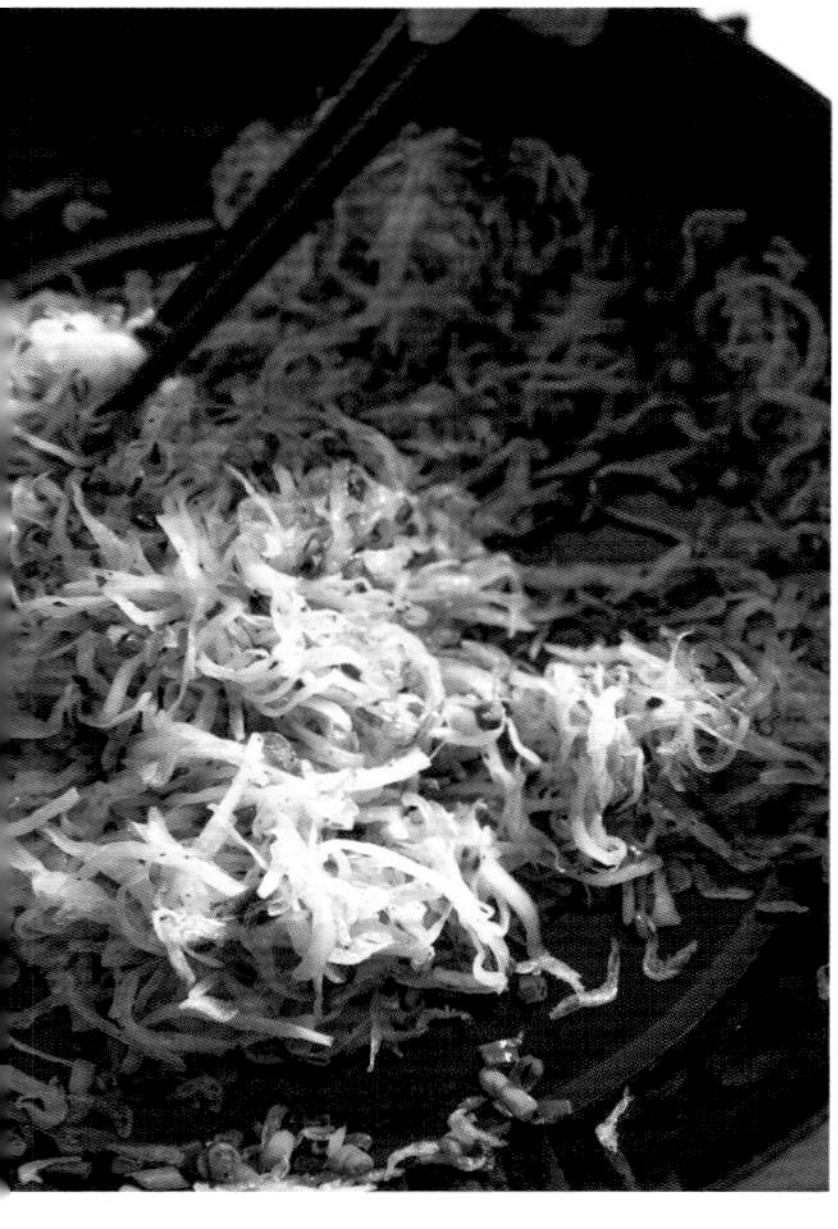

かぼちゃと桜えびのかき揚げ

ひと口頬張ると、かぼちゃの甘みと桜えびの塩気が一緒になって、絶妙な味加減。サックサクの衣に包まれて、この上ないおいしさです。ポイントは衣のつけ方。具材に薄力粉をまぶしたら、水を少しずつ加えて具材同士がくっつく程度にすること。これで、揚げても団子状態にならず、カラリと揚げ上がります。

［材料］4人分
かぼちゃ　小1/4個
桜えび　45～50g
薄力粉　大さじ7～8
揚げ油　適量
塩　少々

1 かぼちゃはワタと種をとって薄切りにする。

2 ボウルにかぼちゃと桜えびを入れて混ぜ、薄力粉を加えてまぶす。水を少しずつ加えて混ぜていき、具材同士がくっつく程度にする。

3 揚げ油を中温に熱し、2を適量ずつ大きめのスプーンですくって箸で静かに落とし入れ、しばらく動かさず、かたまってきたらときどき上下を返しながら揚げ、中まで火を通す。

4 網などにとって油をきり、熱いうちに塩をふる。

桜えびとあさつきのねぎ餅

小麦粉と水で作った生地に
桜えびとねぎを加えて作る、中国の点心。
フライパンで両面をしっかり焼いて
きつね色に仕上げるとクリスピーな食感になり、
桜えびとねぎの風味がふわっと広がります。
あさつきの代わりに長ねぎの
粗みじん切りを使ってもOK。好みで
酢じょうゆをつけていただいても。

［材料］作りやすい分量

生地
- 強力粉　100g
- 薄力粉　100g
- ぬるま湯　80㎖

桜えび　1カップ
あさつき　2束
ごま油　適量
粗塩　少々

1　ボウルに強力粉と薄力粉をふるい入れ、ぬるま湯を少しずつ加えながら混ぜ、耳たぶくらいのやわらかさにこねる。ひとまとめにしてラップをかけ、30分ほどおく。

2　あさつきは小口切りにする。

3　打ち粉（分量外）をした台に1の生地を移し、めん棒で1〜2㎜厚さになるようにできるだけ薄く長方形にのばし、ごま油を薄くぬり、桜えびとあさつきを散らし、粗塩をふる。

4　手前からきつく巻いていき、片方の端を中心にして渦巻き状に巻く。

5　上から手のひらで押さえて平らにし、めん棒で薄く丸形にのばす。生地がくっつくようなら打ち粉（分量外）をふる。

6　大きいフライパンを熱してごま油を流れるくらいひき、5をめん棒に巻きつけて破れないようにしながらフライパンに移し、ときどき押して焼きつけながら焼く。底面が焼けたら返し、同様にして焼き、両面をカリッと仕上げる。返しにくいときは、鍋のふたなどを使ってひっくり返し、フライパンに戻し入れるとよい。

7　放射状に切り分けて器に盛る。

酢漬けじゃこのおろしあえ

じゃこはそのままあえてもおいしいですが、酢漬けのじゃこを使えばほんのりとした酸味で味が締まり、じゃこのうまみが際立ちます。酢大豆（P.49）を入れることもよくあります。

【材料】2人分
じゃこの酢漬け（P.77）　1/2カップ
大根　1/2本
しょうゆ　適量

1　大根は皮をむいてすりおろし、ザルに入れて自然に水きりする。
2　1の大根の汁気を軽く絞ってボウルに入れ、じゃこの酢漬けを汁ごと加え、混ぜ合わせる。
3　器に盛り、好みでしょうゆをかける。

じゃことキャベツのかき揚げ

キャベツの甘さとじゃこのうまみが絶妙にからみ合って、身近な素材を組み合わせるだけなのに、おいしさは一級品。

［材料］4人分
キャベツ　小1/4個
じゃこ　1カップ
薄力粉　約2/3カップ
揚げ油　適量
塩　少々

1　キャベツは1枚ずつはがし、1cm幅に切ってから食べやすい長さに切る。

2　ボウルにキャベツとじゃこを入れて混ぜ、薄力粉を加えてまぶす。水を少しずつ加えて混ぜていき、具材同士がくっつく程度にする。

3　揚げ油を中温に熱し、2を適量ずつ大きめのスプーンですくって箸で静かに落とし入れる。キャベツがバラバラになりそうだったら箸でまとめる。しばらく動かさず、かたまってきたらときどき上下を返しながら揚げる。

4　網などにとって油をきり、熱いうちに塩をふる。

じゃこの混ぜずし

じゃこ、しょうが、みょうが、青じそなどの薬味をとり合わせた、夏ならではのおすし。

しょうがは薄切りにして甘酢に漬け、じゃこも甘酢であえておくのがポイント。

ご飯に混ぜるすし酢にじゃこを加えたり、じゃこの酢漬け(P.77)を使っても。

[材料] 4人分
米　3合
昆布　約15cm
すし酢
　米酢　80mℓ
　塩　小さじ⅔
　メープルシロップ　大さじ2
　　または砂糖　大さじ1½
じゃこ　150g
しょうがの甘酢漬け＊　適量
みょうが　6個
青じそ　30枚

＊しょうがの甘酢漬け……皮をむいてごく薄切りにしたしょうがを熱湯に15秒ほど通し(新しょうがなら7〜8秒)、水気をきって甘酢に浸し、味がなじむまでおく。甘酢は米酢1カップ、砂糖大さじ4〜5、塩小さじ2〜3を鍋に入れてひと煮立ちさせたもの。冷蔵庫に常備しておくとすぐに使えて便利。

1　すしめしを作る。米はといでザルに上げ、すしめし用の水加減にして昆布をのせて炊く。米酢、塩、メープルシロップを混ぜてすし酢を作る。ご飯が炊き上がったら昆布はとり除き、ボウルに移してすし酢を回しかけ、切るようにして混ぜて粗熱をとる。

2　じゃこはしょうがの甘酢漬けの甘酢適量であえる。

3　しょうがの甘酢漬けは汁気をきり、せん切りにする。みょうがは小口切りにする。青じそはせん切りにし、冷水で洗って水気をしっかりときる。

4　**1**のすしめしに**2**のじゃこを散らし、みょうが、しょうがの甘酢漬け、青じそを順に散らしてのせる。切るようにして全体に混ぜる。器に盛り替えるときは、しゃもじで適量ずつすくって盛りつけ、必要以上に混ぜないようにする。

有元葉子　Yoko Arimoto
素材の持ち味を生かし、余分なものを入れない引き算の料理が人気。自分が本当によいと思える食材と調味料を使い、心と体が納得するシンプルなおいしさを追求。東京・田園調布で料理教室「COOKING CLASS」を主宰し、自由な発想でレッスンを行う。料理教室と同じ建物にある「SHOP281」では、毎日の料理作りに欠かせない、まっとうでおいしい調味料や油がそろう。『有元葉子 のり、わかめ、ひじき、昆布、もずく』『有元葉子 油揚げ、豆腐、こんにゃく』（いずれも家の光協会）など著書多数。
www.arimotoyoko.com

ブックデザイン　若山嘉代子 L'espace
撮影　竹内章雄
スタイリング　千葉美枝子
編集　松原京子
校正　安久都淳子
DTP製作　天龍社

有元葉子の和の食材

有元葉子　乾物

2021年9月20日　第1版発行

著者　有元葉子
発行者　河地尚之
発行所　一般社団法人家の光協会
〒162-8448　東京都新宿区市谷船河原町11
電話03-3266-9029（販売）
03-3266-9028（編集）
振替　00150-1-4724
印刷・製本　図書印刷株式会社

乱丁・落丁本はお取り替えいたします。定価はカバーに表示してあります。

ISBN978-4-259-56699-9 C0077